创新中国首卷
红星美凯龙创新解读

蒋易君 沃 野 编著

中国商业出版社

图书在版编目(CIP)数据

红星美凯龙创新解读 / 蒋易君，沃野编著． -- 北京：中国商业出版社，2019.10

ISBN 978-7-5208-0918-4

Ⅰ．①红… Ⅱ．①蒋…②沃… Ⅲ．①车建新—生平事迹②家具工业—工业企业管理—经验—中国 Ⅳ．①K825.38②F426.88

中国版本图书馆CIP数据核字(2019)第212404号

责任编辑：孙锦萍

中国商业出版社出版发行
010-63180647　www.c-cbook.com
(100053 北京广安门内报国寺1号)
新华书店经销
杭州高腾印务有限公司印刷
*
787毫米×1092毫米　32开　6.75印张　160千字
2019年10月第1版　2019年10月第1次印刷
定价：68.00元
****
(如有印装质量问题可更换)

谨以此书——

献给伟大的祖国
献给伟大而美好的新时代

序言

致敬中国，致敬新时代

为有雄心多壮志，敢教日月换新天。

七十年前，当振奋东方大地的声音响彻云霄的那一刻起，岁月荏苒间，几代人创造了波澜壮阔又充满魅力的中国新画卷。卷尺方寸，山河风云激荡；变幻莫测，而又引人入胜。

七十年的家国奋斗梦，以自强为核心目标，开启自力更生的伟大实践；其中四十年的改革创新路，以发展为核心问题，开启现代化的战略进程。不变的雄心壮志，正是沿着伟大的建国者的足迹，并以其持续的发展力和成就，印证了对人民的承诺。筚路蓝缕、千帆竞起的东方古国，以不惧千辛万苦之精神，常持千方百计之勇略，不断冲破千困万难，翻越千山万水，走出一条独立自主的中国道路。这种历经磨难而不易其志的凌云胸怀，抒写了今天灿烂而光辉的新篇章。以此慰藉先辈英烈，更令全球瞩目，彰显了中华民族奋力自强的品德与勇气，也彰显了中国人民的民族自豪感与自信心。

从1840年的鸦片战争开始，中国人就走上了追求独立自强的变革、创造和建设的大道。而自毛泽东主席宣布中国人民从此站起来的那一刻，就开启了中国历史上最为广泛而深刻的社会变革，进行着人类历史上最为宏大而独特的创新实践。七十年来，本着家国情怀、赤子之心，本着自我革命的精神意志，中国每一步的成功，都是以解放思想为先声，以实事求是为原则。

南怀瑾先生曾经说过，共产党创造的奇迹之一，就是"干部与百姓共贫"。那是甘于共同面对贫穷的现实而敢于不懈地探索与突围。李大钊很早就指出：社会主义是要富的，但是要整理生产力。毛泽东主席说，要始终与人民站在一起，同甘共苦，共同创造新的中国。邓小平先生也说：社会主义的本质是解放生产力，发展生产力，消灭剥削。后来他又说，让一部分人致富，最终实现共同富裕。

所以，1978年12月，中共十一届三中全会作出把党和国家工作中心转移到经济建设上来，实行改革开放的历史性决策，意味着实现了具有深远意义的伟大转折；1985年3月4日，邓小平先生会见外宾时指出，世界上真正大的问题，带全球性的战略问题，一是和平问题，二是发展问题。发展问题是核心问题。24天以后，他又在会见外宾时说，改革是中国的第二次革命。

从1979年修改宪法等七部法律开始，中国凭借极大的决心、勇气和毅力，不断持续出台各类涉及政治、经济、文化、教育、医疗、环境等破旧立新、专业建设、产业发展的制度与法律，以及全领域创新发展的若干规定和决议，各类发展规划纲要、改革创新纲要等持续推出,包括涉及经济、社会和民生等多领域出现的新问题、新发展和新思想的改进办法。其数量之多、范围之广,可以说中国历史上无出其右,创造了人类国家历史上的奇迹。

改革一直在路上,发展才是硬道理,是中国最真实的写照。1985年3月,中共中央作出《关于科学技术体制改革的决定》,提出经济建设必须依靠科学技术、科学技术工作必须面向经济建设的战略方针,一年后提出"八六三"计划(高新技术研究发展计划纲要),到1988年的火炬计划,1991年的高新区设立计划、1992年科技发展纲要,1995年确定实施科教兴国战略,并正式指出创新是民族进步的灵魂,2006年提出建设创新型国家、2008年发布《国家知识产权战略纲要》,2015年印发《促进大数据发展行动纲要》,2017年制定《新一代人工智能发展规划》,中国历35年之功,坚持不懈以技术推动产业经济的进步与壮大。四十年成就,印证了邓小平先生在1988年提出的"科技是第一生产力"的价值理念。

在这场伟大的变革运动中,批量的经济组织应运而生,一批批为经济建设而奋斗的理想主义者投身其中,并成为中坚力量。在这个宏大的历史舞台上,为人民谋幸福的核心与重心就是以经济建设为中心,以创新和文化为引擎。不断而批量诞生的民营企业,更是成为力量中的力量发挥了不可或缺的作用。而中国新生的企业家阶层发挥了极其重要的引领发展的作用。

1984年1月,苹果公司发布了Macintosh家用电脑,自此个人电脑开始了大众化普及;同年,邓小平先生南下珠江三角洲,考察深圳和珠海，并对经济特区的发展予以肯定。从1978年中国宣告改革开放开始，经过六年的准备和艰苦努力，这一年，一批跨国公司进入中国市场；这一年，一批今天已经成为中国骄傲的民营企业诞生。

从此，在思想空前的解放与海量物质需求的释放和在国际贸易繁荣、全球性需求增长以及交通和通信技术进步的共同推动下，我国的农民实现了大规模的商业经营，他们中的大多数人跑遍祖国大地，乃至全球发达城市和国家，并成为私营企业主和第一代致富者。包括早期家庭作坊、劳动者和所有者分离等重要创新，企业法人形式的大规模兴起，促进各种经济形态的急速发展。与此同时，经济增长刺激了基础设施建设，以及生产、通信和运输方式的产生与迭代。城市人口急速增长，工薪阶层开始形成并快速壮大。各种新的商业组织和劳动关系也快速发展，并对社会关系和商务关系产生重要影响。中国以其强大的爆发力和生命力，成为令世界瞩目的有中国特色的社会主义市场经济国家。

而1998年的房地产制度改革，2002年的文化体制改革，2004年的新型城镇化战略和2005年的消费升级，推动中国一波又一波的高速发展；2008年，传统经济开始显现疲态，中国步入从短缺经济走向过剩经济的过渡期。这一年，恰逢美国金融危机，但互联网快速壮大崛起，中国敏锐发现且深刻洞察这一波创新经济和产业革命的浪潮。此后，不断制定鼓励新经济发展的政策，不断出台多个领域的深化改革的决定。在矛盾、谨慎中前进的中国，依然积极展开让一部分人先富裕起来并走向共同富裕的探索。这个周期,也正是中国转型换挡的十年。国家从十二五计划到十三五计划期间,坚持经济结构性改革,其内核正是十九大报告所提出的从追求发展速度、数量到追求发展质量的转变。中国已经迈进一个全新的历史时期。

从20世纪末以来的二十多年,以个人计算机、国际互联网的广泛应用为标志的信息革命,在中国也同时开花结果,其所带来的信息高效传递和它所催生的创业热潮,在推动社会化大生产大分工的变革中,极大地加快了中国进行创新的速度和力度。这个过程,寄生于中国改革开放的伟大精神和中华民族兼容并蓄和合天下的传统美德所孵化的土壤;这个过程,一批炙手可热的企业家和技术天才所进行的创新,均与这场信息革命有关,并成为塑造今日中国的商业经济世界的主流。

这一波浪潮,基于知识经济和信息技术的大规模应用,带来文明、生态和生活方式的变革,带来市场、商业和消费的变革创新,带来价值链的变革与创新,推动现代商业已然呈现全新的面貌和价值体系,以及经济结构与本质的深刻变化。

中国,已成为伟大的实验田和试验场。

大规模大批量的创新在消费应用中诞生,一批批战略性新兴产业在崛起的同时赋能传统经济,并在更全面化、多元化、全领域的体量里,开展伟大的中国特色的创新实践。

现实的奋进与突围的必胜意志,更推动了这种创新实践的激烈碰撞与融合,更充分见证了中国企业家和优秀企业的战略智慧、思想革新与初心的坚守,尤其显现在文化及商道层面对中国经济发展的贡献。

自2014年始，我们每年选择300家（2016年开始取样500个）新三板企业进行分析。我们发现，企业的基因已经突变，大量新技术、新模式的出现带来新业态和新产业的诞生；而从2017年开始，我们基于九大指标21个细指标，每年从近30个优秀企业中选6—8个企业样本。两年下来，在追溯这些样本企业的历史和市场风浪中沉浮的命运，我们发现，竞争已经转移到人才和产业生态的孵化、金融与实体联动、制度与技术的创新以及文化思想等新的战略要素层面；更重要的是，依然保持稳健发展的他们，依然具有样本所期望追寻与表达的朴素商业思想、优良的道德品质以及文化担当与自信。

在中国经济深化改革进入攻坚阶段、改革开放四十周年之后，在新中国成立七十周年之际，我们启动《创新中国》研究项目，从商业经济入手，从传统产业入手的考量与期待，将更具有对创新中国的代表选择与创新解读的典型意义。

2015年，日本、德国、英国、法国等发达国家，相继出台一系列支持研究和创新的重大计划。当年10月，美国发布了《美国国家创新战略》，提出了支持美国创新生态系统的新政策，这是继2009年、2011年推出《美国创新战略》的又一重大计划，美国始终将创新作为刺激经济增长的核心。同年3月，中国发布《国家创新驱动发展战略纲要》；5月，发布《中国制造2025》；6月，发布《关于大力推进大众创业万众创新若干政策措施的意见》；7月，发布《关于积极推进互联网+行动的指导意见》。

2015年，成为全球创新元年，更是中国创新元年。

随着经济全球化和互联网化程度的日益加深，全球新科技革命和产业革命全面启动,世界百年未有之变局已然形成。在国际大发展、大变革和大调整的背景下,古老的中国又一次以领袖者的风姿走进世界舞台的中央。然而,中国国际化的步伐与深化改革的双轮驱动,正进入攻坚区,政治、经济、文化和社会治理等全领域的改革,考验着中国。

2018年11月,习近平主席在上海召开的中国进口博览会宣告长三角一体化成为国家战略,并打造全球科创中心。

走进改革深水区的祖国,已经迎来一个全新的时代。

风雨沧桑竟百年,千秋伟业大中国。伤痕已愈,心结未了。从站起来的中国到富起来的中国,在继续奋进的前夜,回头深察,凝视已经沉静的岁月,体味历史心海起伏中潜藏的闪光的灵魂,深感身逢千年不遇的美好时代的幸运。

《创新中国》丛书系列,意在记录这个伟大时代的高光人物与光荣历史,向祖国致敬,以略表赤子之心;又希冀深入解读商经社会的传奇典故,雕刻栩栩如生的浮光掠影,以感知和致谢创造这段历史的人。既是我们参与历史的意义所在,也是必然的使命,更是献给新中国七十华诞最虔诚的礼物。

改革开放四十多年,最伟大的成就其实是始终践行中国共产党人建国奋斗的初心:为人民谋幸福!无论是国家、企业还是其他任何组织的创新发展,都生而有幸,迎来伟大而美好的历史机遇。这是当代中国的大航海时代,是一段寻找自我生命和探索世界巨变的双重历险。既是现代国家的成长史,也是中国品牌富强的创造史。我们也期待,迈入新时代的中国优秀公司,在创造自身商业经济价值的同时,能够创造引领产业进步和社会进步的价值。

  历史是一个长期的、持续性的进程,希望我们点滴的探索,能够对身处大转折时代更多的中国企业有所帮助与启示。

《创新中国》丛书出品人 蒋易君

2019年8月1日定初稿

2019年8月10日三稿、8月29日定稿

·目 录·
contents

访谈录　车建新的理想国
一、关于创新　002
二、关于理念与战略　006
三、关于文化　011
四、关于思想　014

楔子　一寸风雨一寸心　021

第一章　历史的选择
一、改变命运的历史推手　032
二、中国企业家嬗变　035
三、商业中国　042
四、以家国义利为是　046

第二章　大国品牌
一、全球Mall王　051

二、大国工匠　　055
三、立功立德，初心不改　　058

第三章　自主创新，星火燎原
——红星美凯龙创新模式解读

与时代共舞　　062
一、自主创新为魂的商业创新探索　　063
　（一）"轻重"智慧：四位一体的Shopping Mall模式　　064
　　　1. Mall的战略进化　　065
　　　2. 品牌运营加持委托管理"轻"战略　　070
　（二）持续创建共生共荣的产业生态　　073
　　　1. 民族品牌孵化计划　　073
　　　2. 打造产业价值生态链　　075
　（三）探索电商与新零售　　077
二、匠心根植的文化创新基因　　080
　（一）文化自觉者　　082
　（二）爱家者，恒爱人　　084
　（三）匠心精神引领文化创新　　088
　（四）设计就是生产力　　091
三、资本化战略　　094
四、人才战略与组织变革　　099
　（一）再造新青年，孵化"新"动力　　099
　（二）人才匠心，生生不息　　107

"美好"生态经济体　　110

第四章　一个富二代
一、老思想的新力量　　115
二、回归大道　　120

第五章　时代启示录
一、美美与共的家国梦　　126
二、"城市之心"的高远路　　132
三、稀缺的企业家精神　　138
四、大出者大返　　142

特别报道　红星美凯龙极简史
第一节　33年的成长　　150
　　引子：从木匠这道窄门而入　　150
　　一、初创（1986—1991年）　苏、锡、常，事业三级跳的踏板　　151
　　二、长三角扩张期（1992—2000年）　欲速不达，困则思变　　153
　　三、全国布局期（2001—2008年）布局全国，迁址上海，高歌猛进　　154
　　四、全球家居Mall王时代（2009—2014年）迭代升级，成就王者风范　　157
　　五、走向家庭生态时代（2015年至今）打造美好生活价值链　　158
第二节　先觉与自觉的进化路　　162

一、四大战略支撑的进化模式　　163
二、五步进化史　　168
第三节　土洋之争　　176
第四节　善建者行，履新者久　　186

专家点评

融合共生　创造未来　　190
"匠心匠行"得始终　　192
从红星美凯龙看商业的孵化功能和审美价值　　194

后记　守望者　　196

访谈录
车建新的理想国

访谈对象： 车建新　红星美凯龙集团董事长、创始人
参会成员： 钱旭东　红星美凯龙集团高级顾问
　　　　　　任兴勇　红星美凯龙集团董事长办公室副主任
采访人： 蒋易君　上海长三角商业创新研究院秘书长
　　　　　沃　野　汉歌文化特约作家
时　　间： 2019年8月6日 14:00—16:00
地　　点： 爱琴海购物公园顶层会议室
时　　间： 2019年8月6日 18:00—20:00
地　　点： 爱琴海购物公园晶苑

至少在中国家居业，车建新这三个字，是一个符号、一把尺度和一座标杆，带有行业史的自然体温与内在张力。作为红星美凯龙集团董事长，他执产业之牛耳，拥有太多的身份和荣誉。在改革开放四十年之后而又迎来新中国七十华诞的今天，因种种机缘，《创新中国》书系首卷有幸选择了红星美凯龙。而透过层层的身份标签、社会职务以及大量的文章与企业史料，创作团队尤其想知道的是，这位颇具传奇色彩且被诸多传记作家紧盯的商界名流，到底是一个怎样的人，他的创新思想究竟能给这个时代带来何等借鉴意义与内在价值。

这是一场来之不易的访谈。和其他知名企业家一样，车建新太过忙碌。而面对一位思想活跃、谈锋甚健并具有家国情怀与理想主义光芒的创业家，要最大限度地从他身上挖出思想的"金矿"，既容易也不易。

本次访谈，拟就十六个问题，涉及创新、战略与发展、文化思想以及生活体验四大方面，期待还原出一个真实的、思想熠熠生辉的车建新，最好还能发现连他自己都可能未曾发现的有趣自我与深层潜质……

一、关于创新：习惯成自然的创新，是一种极好的事业驱动

蒋易君：非常感谢董事长和大家的支持，推动红星美凯龙成

为《创新中国》书系的首卷报道企业。今年正逢新中国成立七十周年，也正逢中国共产党"不忘初心、牢记使命"的学习年，我们以一家民营企业为榜样，解读企业家的家国情怀与赤子之心，正是天赐良缘以呼应这个时代。

沃　野：创作过程的确感受比较深。创新是企业持续发展的动力，是企业家精神的核心要素。董事长，您创造性地建构了红星美凯龙独特的商业模式与发展模式，从而使企业能够保持30多年长盛不衰，促成企业"创新基因"持续发力的秘诀是什么？这些"创新基因"又是怎样萌生的？

车建新：创新思想的源起，要归因于王永庆的书。这位台湾经营之神的一个创新手法触动了我。

王永庆起初生产PVC，后来创办了台塑。而他生产的塑料PVC，有一半自己消化掉，他把自己生产的PVC加工成塑料制品卖，两道工序赚取一道利润，给了我很大启发。

当时，我们已经开始自建卖场——自己买地，自己成立建筑公司，也是在一个大的运行体系中自我消化。当时的目标都是从郊区买地。因为市区地价太贵，是郊区的10—20倍。虽然在老百姓的心目中，商业理所当然应该在市区。可我们玩个新路子，属于逆向行驶，商品价格低，主体策略就是猛打广告，叫响品牌，以此来增加营收，又能减少郊区买地的成本，这样就形成良性循环。最后的结果是，开发、建设和经营三道工序，赚取一道利润。

20世纪九十年代，家居大市场可以说是杂乱无章。我们当时没有做房地产开发，所有买地与开发建设，都是自建自营的一道大工序。说到底还是被思维定式所限。后来是万达的运作模式启发了我们。现在的红星地产独立运行,成为商业地产全国第二。但以商业卖场为核心内容延伸到地产开发,是我们的创新。

蒋易君: 的确,红星是极少数坚持以内容与业态创新推动商业地产发展的企业。尤其是委托管理模式,可以说全国领先。

车建新: 您对我们了解还是比较深的。

当然,最初的创新主要是在商场形象与等级的提升上。从第一代做到第九代,我们一直在下功夫。最初条件很简陋,在扬州租的是大商场,南京租的是地下室,无锡租用的是仓库。自力更生,搭建一点,改造一下。做第一代商场时,买不起自动扶梯,我就想办法让水泥扶梯盘山公路似的绕上去,一直开创性地绕到三楼。有绕到四楼的,现在还在使用。我出道之初,先学了两年建筑木工,然后学了一年家居木工,天生对造房子很有兴趣,大家都说我很会造房子,其实是自己摸索的结果。

回过头去看,就是一种爬雪山过草地的坚持,自主创新的基因也在这个过程中步步生根。在卖场改造的探索中,我提出"市场化经营、商场化管理"的模式——一下子就把整个商场给激活了。这是我首创的业态和管理模式创新。当时,很多全国各地同行来学。

蒋易君: 您当时颠覆了原有经营模式,令业界震撼。我当时从报社离职,在一个装饰城做老总,我就学过,去了好几趟。见证红星美凯龙成了中国家居零售商的主流模式。

车建新: 难怪您那么熟悉。我们第二代是自建商场,第三代有了创新的"故事化版本"。当时叫红星家居城,巧得很,设计师做出来的色系,居然与肯德基一模一样,也是红白相间。也许是一项趋同能够裂变出另一项趋同，我当时就在想，肯德基能做连锁，我们为什么不能试试？我的想法向来比较大胆，属于天马行空、无中生有型，所以也招来很多人笑话。因为当时的国人，不知连锁为何物，在他们的眼里，本地的商场开得好好的，却又想去外地开，见异思迁。当时他们不知道，我后来还要去全国各地开，连锁经营，遍地开花。所以从第三代开始，就进入了我们的连锁时代。

现在回过头看，王永庆和肯德基的启发，都是外在条件。最为关键的，还是我内心有一股强烈的冲劲和发展壮大的欲望，所以说，改变之门，一定是从内心开启的。

但当时的整个形势不容乐观。全球家居业的三大巨头，美国家得宝、英国百安居和德国的欧倍得，全都进入了中国市场。很多经济学家叫我以它们为师，可我没那么做。步人后尘，跟在别人屁股后面跑，很危险的。相对于海外大鳄，我们更接地气，更了解中国人的消费习性。紧紧立足本土市场，是我创新发展的一个核心原则。当时有几个名气比较大的家居城，都全套西化，俯首甘为好学生，结果呢？三大巨头都被我们打回老家时，几个学生也早已退场了。

到了第四代与第五代商场，在业态创新上求提升的同时，开始利用外立面做CI形象。启发来自我出国时给老婆带的香水。香水瓶很漂亮，引起了我的想象。家居追求潮流美观，国外的化妆品更是如此，我们家居商场的外立面，为何不能如此漂亮？

这个时期，又一件事情触发了我。当年，麦德龙在无锡和上海都开了卖场，与我们面对面。当时无锡有个记者，在杂志上发表了篇文章,叫作"洋装虽然穿在身,卖的都是中国货"。就这篇报道让我受益匪浅。我们为什么不能穿洋装?我在想,我的心是中国"新",就像张明敏唱的那样,我也可以穿洋装,拥有国际化的形象。从此,我们开启了品牌形象迭代的创新进程。外立面不仅有CI形象,更有统一体系,并运用到商业空间里面,再逐步情景化,始终走在行业前面始终引领行业潮流。

二、关于理念与战略:设计就是科技,品质就是科技

沃　野:十多年前,您提出了"设计就是科技"的口号。我感觉很有冲击力,让人耳目一新。请问,该如何理解这句话,现在是否有新的表现与运作?

车建新:那是十六年前提出的。当时,社会上"科技"很受追捧。我们是传统企业,感觉正在靠边坐、靠后坐。所以我就问自己,红星美凯龙有科技含量吗?思索再三,我认为设计就是科技,就是非常复杂、非常高级的创作软件系统。

事实上,这句口号同时也在影响和改变我的观念与行为。因为我发现,自己对设计师好像特别偏爱,设计方案报价几乎不还价,而且经常自觉、自愿地为他们加价。一个项目本来只要找一个设计师。可我却会找来十几个,方案是一个接一个做,一轮轮过,到满意为止。设计费几百万一个,投入还是比较巨大的。

蒋易君:设计是红星美凯龙商业上成功的一大要素。您愿意为设计买单,愿意为创作买单。

车建新:的确如此。往深层次分析,我是很愿意为设计和创

作买单,那是因为我清醒地意识到,设计是软实力,优秀的创意设计作品对商业成功的推动,往往具有核爆效果。

而且要命的是,我自己也参与其中,乐在其中,甚至经常把自己的元素,成功地加到设计师的作品里。比如安藤忠雄在爱琴海购物公园设计的那个蛋。刚开始,我觉得简直是天方夜谭。后来,我和他不断磨合,加入我的思考,真的做出了那个蛋。

沃　野: 在设计理念与审美感觉等方面,我发现您无师自通,有很好的天分。您会大量学习,消化为独有的红星美凯龙的"美"的意象?

车建新: 对。在设计上,除了动手操作,我几乎全程参与。比如第七代商场的诞生,就来自吃饭时的偶遇。自己走到哪里都会琢磨对照。当时设计师提供的方案,造价太高,关键是我总感觉不美。

有一天,我去办公楼下的饭店吃饭,真是上帝眷顾,饭店里也有一面大墙,墙面上喷涂着带有纹路的大理石。注意,是喷涂,不是真的大理石。我当时灵机一动,为什么不能用喷涂的方式,创造出带有木纹的花岗岩,而且喷涂造价更便宜。然后,再在所谓的花岗岩上,加玻璃幕墙。

后来,设计师就在我的指导下,把这个外立面做了出来。等做到第八代,设计师自己也学会了。很多商场看到这样的表现,也都来学了。有的商场完全抄袭我们,只是把花瓣之类的元素改成小一号,气得你拿他没办法。

照说第七代已经很好了,但我是贪得无厌,好了还要更好。很多新想法,就像在水库里捞鱼一样,不断地跳出来。比如,我们在商场里设置了一列从一楼开往六楼的火车,甚至想过在商场里泛舟,渔舟唱晚。所以,会请做印象系列的王潮歌和樊跃,希望"印象"的精髓能在"爱琴海"这个项目中有所表达。我是相信异业跨界的交流,确实能学到东西。我们上海的金桥家居Mall又请了保罗·安德鲁,就是中国国家大剧院和浦东机场的设计者。但几次做下来,也是不甚满意。后来几乎到了绝望的边缘。又突然想起王潮歌,想起她提供的主题创意——蜂巢。蜜蜂能够采蜜,能够营造很甜蜜的家。想到此,我就开始动外科手术了。创意的叠加、设计思想碰撞、风格的融合……王潮歌与保罗·安德鲁没有见过面,但倒是经常在我脑子开碰头会……两位设计师的努力也都没浪费……

沃　野:您等于成了该项目的第三位设计师,进行了再创作。

车建新:是的,我最知道自己想要什么。所以我就把两个设计捏在一起，金桥第九代商场就这么出来了，而且成了经典作品。创新有时真的很好玩，让人痴迷。

沃　野：是啊，这么多年来，您一直在研究、探索与创造着不同的"空间"。红星美凯龙家居Mall都做到第九代了，爱琴海也是六年更新到第六代。现在，您又将"家文化"以及"美学与艺术"注入商业空间里，不仅仅止于空间外形的美学追求，而是更注重内涵与体验，更注重主流文化价值的体现。那么请问，您思考与期待的价值思想是什么？其中核心商业逻辑又是什么？

车建新：曾经有经济学家问我，不，有段时间，身边不少人都在问我：你的核心竞争力是什么？老实说，创业以来，我从来没有想过这个问题。来来回回思考有了总结。我认为学了三件事。首先我会盖房子，本质上是设计，是打磨过的产品创造。

第二，学会了品牌建设与营销，尤其热衷广告创作。我非常喜欢看广告，看电视经常把广告当作"主食"来吃。去国外出差，住在宾馆里就是看广告。广告人就是我们免费的老师，真的很了不起。他的表达、创意内涵与传播诉求，在相当短暂的时间内叙述清楚，而且还要打动人心，让品牌在消费者心目中留下位置，最后促成消费，真的很不容易。

第三方面是学会了做发展。小时候喜欢听评书，《岳飞传》里有个先锋官牛皋，给我留下很深的印象。在我的心目中，营销与发展就是打仗的先锋官。我就要想办法冲在前面，一直在学，自己要精通。

这三样东西，对我来说，就是我核心竞争力的居所。不知这个回答能否解决你的问题。

蒋易君：董事长能否谈谈创新与高质量发展时代的关系？

车建新：这个问题好。木匠重细节，而且必须是整体思维。特别重视为什么，就是探究本源，也特别在意架构和形态的美观。现在的中国，有很多方面都领先于世界。但是，精细化的品质却仍落后于时代，尤其跟德国和日本比，还是有差距。所以，我们就办鲁班文化节，并总结出四个字的鲁班精神：匠心、创新，并且还提出"只有匠心，才能创新"的理念。会议结束了，很多人表扬我。我自己却在思考，什么叫匠心？没有匠心的创新，是粗制滥造加粗制滥造。所以两年前，我就提出"品质就是科技"。我认为，时代创新，品质就是科技，包括设计品质、材质品质、工艺品质和品位品质等。

这是个需要"匠心"的时代，没有匠心就很难创新。当然，上市后，我们一步步融合也发展高科技了。

任兴勇：最近车总推导出最新的"全世界首创创新发明四种方法论"，我马上可以用微信发给大家阅读，可以在你们的《创新中国》首卷中做分享。

蒋易君：上次考察我听车总分享过，很有感觉。的确是独具匠心的创新，可以说是极有价值的思想创新。

车建新：匠心和创新，两手都要抓，两手都要硬。这就是我的商业哲学。这是高质量发展的双轮驱动。而四种创新发明论，没有书面的东西，只有经验的积累，也是不断在善思中形成。都是原创，自己感悟出来的。

任兴勇：这个方法系统，拿到实验室或者当作大学教材，都很好用。

车建新：我们现在是走向了高科技。我们规划的科技板块围绕智能居家和科技居家，已经启动了。比如服务于整个行业十几万家企业的红星云管理软件，比如机器人小区导购、居家机器人家政服务和陪伴老人；比如设计云，千家万户的房子都在我的设计库里面。而且电脑自动设计，只要点开你家的房子，至少给你看十套方案，等等。智能化发展也是我们未来的一个战略重心，还需要深入探索。

三、关于文化：文化是企业做大做强的根基

沃　野：从2018年开始，红星美凯龙就与官方机构合作推出全球书架的项目。这个文化动作有哪些诉求？所谓草蛇灰线，伏脉千里，是否隐含着为下一步的海外发展做铺垫？

车建新：完全是对中国传统文化的传播。创业初期的努力，主要是想让家人的日子过好一点，现在的责任担当不一样了。自从与钱总相识之后，我对文化产生了很浓的兴趣。钱总可以说是我的老师。当然，经过十多年的阅读与学习，现在我感觉自己与钱总已经是师兄弟关系了。（笑）

钱旭东：车总的学习力非常强，现在我们都要努力跟上他的节奏。

车建新：刚才纯属玩笑，您是我老师，我感谢您。我还要感谢我的家乡江苏常州，文化底蕴深厚，自然环境与人文环境都很好。人文之邦，孕育了很好的品质基因。

全球书架项目是钱总在负责。这是我们企业向海外推广中国传统文化的一种尝试,与商业经营没有关联。要说,应该是民族企业文化自信的一种表现,是讲述中国故事的一种方式吧。

目前红星美凯龙的经营重点还是在国内,会加大"家文化"以及"城市客厅"等方面挖掘与发展的力度。一直以来,我们非常重视文化投入,"爱家日"一做就是12年。还有"鲁班节"、鲁班学院,传播中国式匠心,弘扬鲁班精神。作为构筑"家文化"的一个战略要点,今年还准备推"孝子日"。现在是网络时代,人的情感很容易被稀释。我们还有一个涉及友情的创意活动,也准备从传统文化中提取历史素材,请允许我暂不剧透。

沃　野:"家文化"是一个非常值得研究的课题,其实与红星美凯龙即将启动的"城市客厅"有着非常紧密的关系,能够形成体系,因为家文化也不是局限在家庭之中,它涉及生活的方方面面。关于此,董事长在未来有新的战略举措吗?

车建新:我还是说说爱琴海购物公园吧。为什么叫公园,是因为有很多愉悦的体验在里面。不但有专业的美术馆、马术俱乐部、安藤忠雄设计的网红书店,还有滑雪场,展示现代公共艺术的20个点位,等等。打造城市客厅,就是在我们大型的Mall中,浓缩城市的人文特质及历史精华,把它变成观察城市的窗口,与文化旅行有一定的关联。在爱琴海,就可以看出一些文化本质。比如明珠美术馆,承办的是全球顶级艺术家作品,《爱马仕的艺术之旅》刚办完。接下来的展讯是法国大作家雨果的手稿与他的绘画作品。在新的购物公园,一定还会出现新元素。比如购物广场做灯展,也是我无中生有出来的。我是从水滴灯假想到灯展,是空穴来风，从想象中走进现实，正是四种创新论的"假想与演绎思维"。

蒋易君：很多创意，也完全可能有来自童年的某种记忆和深刻的细节烙印，也完全可能是文化的影响，在若干年后的今天，具备反哺与创新历史的条件了。

车建新：说得很对。爱琴海也好，城市客厅也罢，我们真心是想塑造中国人自己的主流文化观。

蒋易君：这就是文化自信。从创新中传承发扬。

车建新：是的。宗族文化是中国传统文化的根。儒家文化带来"仁、义、礼、孝、悌"的家文化。刚创业时是为小家，让妈妈不辛苦，替家庭分担生活压力。企业家和众多成功人士刚开始都是为小家，是孝悌思想。慢慢有条件了，就要发挥、弘扬，要带头孝顺，在公司和家里都要做榜样。怀念父母也是一种孝。而佛教文化追求真善美，家文化就是追求和创造真善美。这些，我经常讲给孩子听。家和谐了，国家自然和谐了，所以中国人讲家国情怀。

蒋易君：在您这里，传统文化呼应了时代精神。您创办爱家日、为员工请保姆、打造学习型个人和组织等，都是一脉相承的思想在里头。

车建新：企业家就应该为家庭、为社会立功德，而家的力量在我身上体现很大。我家庭每年举行两次学习会，而大年初一是总结表彰会，每年有主题，价值观培养啊，三专论啊，要把自己的家搞好，要和组织同步。

习主席说，家是梦想启航的地方。红星的文化思想也是围绕这个初心而一步步发展的。30多年的成长,从家具到家居再到居家生活的战略进化,也是从物质层面的一个个升华为精神层面的价值,从个人家的孝悌一点点扩充到企业家园和社会家园。

蒋易君:儒家是很重视这种从个人小我到社会国家大我的扩充。君子之道,就是坚持追求这种思想境界和精神格局。把创新成果和精神财富奉献给社会,也是企业家的应有之义。

四、关于思想:多维的生命,体现了人生和世界的丰富性和人的本质区别

蒋易君:在你以前出版的书籍中,曾经提到过"人有五种生命",说人拥有时间生命、质量生命和精神生命等。我认为这其实是时代的一种回应。经过那么多年的物质追求,如今产生了反向的副作用:当今中国社会过于功利,过于夸大物质需求。从深层次看,董事长的生命观,其实是关于人作为个体的自我提升、自我塑造和自我超越。请您谈谈这个问题。

车建新:我先来说个故事。最初,我不懂什么是老年痴呆症。可我父亲得了此病,不认识家人,也不会讲话。这个痛苦的过程,让我对生命问题增加了很多的思考。

父亲去世之后,我特别想他。半年后的有一天,我突然发现,他在临终前给了我一份遗产。他用自己的身体告诉我,没有思维就没有生命,有更多的思维,就有更丰富多彩的生命。那一刻,我突然顿悟一个非常质朴的道理,生命的价值就在于思维与智慧。

有智慧，就是最大的生命，和时间无关。这份遗产太大了，大到让我对生命肃然起敬的同时，决定开始研究生命。那以后，我每年设定一个主题，也是我要研究的年度主题，比如人性、潜意识、生命的起源等，年度阅读也主要根据这个边界扩散。就这样，坚持了十年，有了各种各样的体会，也感觉到自己有了底蕴。通过大量的阅读，我的视野与思想发生了改变。大约将近一千本书，多数是关于幸福、体验与心理学等。

那时，有种状态就满溢出来了，就是我非常想表达。所以，就请钱总过来，因为我想写书。书的内容全是原创，纯粹的干货。后来对这些思有所得的内在积淀，也做了些出版传播。我和钱总两个人一起写，总有新的东西想表达，一写就是三年，出版了三本书。这几年，我感觉真正做的两件事，是通过文章，做了二大研究（指"九情九欲论"和"创新发明四种方法论"）。我希望我的思考能对社会有帮助。

钱旭东： 刚才谈创新，更多的是作为企业家的车建新。现在你们谈生命理论，更多体现的是关于人的车建新，这是个更有高度的车建新。

蒋易君： 的确，成功的企业背后还是人，主体还是企业家在起引领的作用。探究企业的创新发展，其实主要探究的还是创建企业的企业家，企业的根本目的还是为社会服务、为人创造价值。其实，这也正是今天中国的企业应该思考和面对的大命题。

车建新： 蒋老师说得好。我以为，人有五种生命的形态。第一是时间生命，就是通常说的年龄。第二是质量生命。生命有质量的高低，高低程度有赖于个人去创造。第三是精神生命，由智慧、成就感和德行三部分构成。第四是信仰生命。就是人的使命感，就是人存在的个体价值和社会意义。第五是继承生命。一为肉体意义上的上下代血缘继承，通过细胞基因传承，也就是通俗说的传宗接代。更主要的融合四种生命的能量转化为思想和精神财富，可以传千秋万代，比如轴心时代那批伟大的思想家，释迦牟尼、老子、孔子、苏格拉底等，比如民国时期那批拥有伟大理想人格的人，鲁迅、蔡元培、毛泽东、周恩来等。我想，这其实也是生命进化迭代的过程，也是人与人之间的根本区别。这些思考和体悟，才是影响和指引我经营企业与人生的根本大道。

前两天，钱总提出了"九情九欲是人的精神器官"，我把它改成了"九情九欲是人的精神脏腑"，这个理论是发挥和补充，刚出来的，所以你们发表或出版，算新鲜出炉。九情九欲是人最基本的、性格形成的情绪能源因素，更是人生命的能量，涉及人的自我实现。我把情感比作自我实现的母亲，而欲望是自我实现的父亲。

沃　野：您曾经对媒体说，想做个学者。谈谈这个理想的起源好吗？

车建新：我是说过想做个学者。在某个比较专的学术领域，体现自己的价值观和个人追求。主要还是想做文化学者。文化虽然对经商没有直接作用，但是没有文化却万万不能，没有文化想做大做强更不可能。

读书，收获的是道德和人品。读书就是被教化。学者是个基础。人有智慧了，才有更大作为。比如说，我们企业现在在挖掘、整理与倡导中国式的"家文化",就需要对中国的传统文化有个系统的了解与掌握,这样才能比较清楚地知道在中国人的心目中,家的核心要义是什么。只有对传统的"家"的内涵与外延所构成的文化要素有深度的认识,才能做到推陈出新,创造性推导出符合当下这个时代的"家文化"。归根结底,还是想在思想文化上有所创新与突破。

蒋易君: 董事长,今天占了您很多时间。很高兴听您谈了这么多,我们很有收获。我想问最后一个问题,作为本次访谈的收尾。请您谈谈长三角一体化对红星美凯龙的意义,谈谈对长三角一体化的看法。

车建新: 好的,蒋老师今天来,我很高兴的,我也从您这里学了不少东西。

任兴勇: 很多媒体采访过董事长,面对央视等媒体记者,车总问答都很正式。也有多位作家联系我们总裁办,想为车总著书立传。红星美凯龙不缺书,需要的是有阅读价值,对行业与社会有帮助的书。蒋老师与董事长相识多年,有许多观点对我们企业发展有启迪,所以董事长和我们都很高兴与您交流。

蒋易君: 谢谢,非常感谢。

车建新: 这个问题很大。既然蒋老师问了,那我就直言不讳谈一个问题。长三角一体化,最为重要的是交通一体化。如果把长三角高铁的价格全面降下来,比如杭州到上海,现在的票价70多块吧,如果降到18块,你们看看有什么效果。极大地刺激了人才流动,长三角就活了。

钱旭东: 让高铁地铁化。

车建新：真正一体化，应该是住浙江的一个县城，上班可以去上海，而不是去打工。打工是离家，上班是回家。红星美凯龙的商业创新进化，十多年前开始弘扬家文化，上市后实施城市客厅计划，也是希望能够给今天城市中的大量新家庭和更多的人带去家的温暖。这既是红星美凯龙的使命，也是我一生的追求。

蒋易君：董事长的视角独特，打工是离家，上班是回家，发人深省。对今天走进新时代的中国创新启悟很大，应该是各个领域精英奋斗的方向，也是十九大所提的创造美好生活的根本宗旨。

在晶苑的雅间，我们品尝到了车董事长私藏的高品质的法国葡萄酒和他亲自安排的中式佳肴，也聆听到他津津乐道地分享了新导演饺子的现象级动画片《哪吒之魔童降世》，评析其中蕴藏的人性与教育等诸多话题，车董事长还再三要求我们去爱琴海的电影院欣赏。

董事长办公室的任兴勇说，车总是有这个习惯，不但喜欢向高管推荐电影，还喜欢送书给员工，有一次亲自把一本书送给了商场的保洁阿姨。

临别之时，车董事长盛情邀约我们参观红星美凯龙即将举办的一个展览。届时，法国作家维克多·雨果的绘画作品及创作手稿展将在这座凝聚着安藤忠雄、王潮歌与车建新等多位跨界名人的创意、理想与智慧光芒的明珠美术馆拉开序幕……

诚如作家能够跨界到美术圈，企业家也能呈现自己的哲学思考。曾经有位领导人说过，在当下这个历史时期，中国的思想家很可能会从企业家阵营中脱颖而出……这是一句颇显分量、极有见地的预言,意味着在不断嬗变中的中国企业家将开创出一种令世界惊诧的可能性。

我们对红星美凯龙的未来充满了期待。从车建新身上,能感知到在当代企业家的精神天空里布满了斑斓的彩虹,照耀着他们那光芒四射的理想王国。

爱一棵树

肯定要爱这棵树的每一片叶子

在这里

就要爱这里

在中国

便此生不负故土

楔 子
一寸风雨一寸心

2018年仲夏,《长三角商业创新样本》项目的企业考察选拔如节气般火热,《创新中国》项目也滚烫出炉。《创新样本》课题,是希望寻找具有一定历史积淀的优秀企业,通过对其过去三五年间战略和创新重心、投入重心的解读,以探寻其创新模式、能力等对未来的引领力量与经营智慧;而策划《创新中国》丛书,是向改革开放四十年以来的一流企业和企业家、中国特色思想的创新者,以及对传统文化复兴守护人的致敬,是对一批秉持家国情怀的先行者、坚守者们的成就与价值的弘扬和传播。知古鉴今,继往开来,感恩这个伟大的时代。

但凡过往,皆是序章。而重识序章,是再引美好岁月的灯塔。

现代文明的核心,就是由工业革命和资本主义的兴起所带来的人的解放。而资本主义发展最根本的动力,马克思认为是生产关系的改变创造了新的价值,在100年后的1947年,经济学家熊皮特的经典解释是创新、企业家精神和信用扩张。这些要素所依托的,就是解放了的个人出于自利的目的,基于市场这种经济形式所诞生的人的创造力。从独立发明到团体发明,从个体创新到群体创新,从不稳定突发性创新到常规化不间断创新,正是19世纪走到今天的变化。而由此催生的商业经济,意味着建立起以消费者为中心的客户体系。以消费者为主导,围绕个人需求而生产,这是亚当·斯密赋予市场的定义。也正是尊重与满足人性释放出来的源源不断的价值需求,谱写了百年世界商业史。

1978年岁暮，随着具有划时代意义的十一届三中全会的召开，中国拉开了一场史无前例的伟大变革，不仅改变了自身的命运，还影响并惠及了整个世界。

　　时至今日，中国已崛起成为全球第二大经济体。四十年来，奋力前行的中国始终坚持以经济建设为中心，不断解放思想和发展社会生产力。国内生产总值占世界生产总值的比重，由改革开放之初的1.8%上升到15.2%，多年来对世界经济增长贡献率超过30%。蝶变四十载，中国的许多产业从无到有，从简单的来料加工、贴牌生产，到成为世界第一大工业国、第一大货物贸易国、第一大外汇储备国，再到商业领域的世界第一连锁Mall，创造出真正的中国品牌。

　　在这四十年里，涌现出很多具有世界影响力的优秀中国企业。它们大多从一个勇气可嘉的创业思想开始，零起步，白手起家。创业的征途上，到处是艰辛和坎坷。然而，可敬可佩的企业家精神、创新精神、工匠精神，引领着他们披荆斩棘、砥砺前行，仰望星空又脚踏实地，跟随着伟大祖国的改革进程，创造性地实现了各自的事业腾飞，而升华为璀璨夜空中光芒四射的明星。四十年改革开放史，是一部中国城市化进程史、中国工业壮大史，也是中国商业消费品发展史和商业服务业壮大史。诸多行业诸多知名企业从中诞生，成就不凡的民营集团可圈可点：华为、横店、红星美凯龙、海尔、吉利汽车等一大批品牌傲立潮头。而明星企业的创业发展史，本质上就是一部影响世界商业文明进程的中国民营经济创新史。

　　迈入21世纪的近二十年，我国的住房家居、商贸物流、文化教育、信息服务、医疗健康、旅游和娱乐等现代服务业高速增长。充分说明中国人民从追求温饱到丰衣足食，市场需求由一般物质保障向物质精神文化综合保障升级，对高质量生活品质的要求日益强烈。过去十多年来，快速崛起的创新商业模式，比如京东、腾讯、途牛等无一不是围绕着终端市场，无一不是以消费者为中心的商业新巨头。而依然保持活力和稳健发展的传统领域的优秀企业，比如横店集团、华为公司、红星美凯龙、金陵饭店集团等，其根本也是始终以消费者为中心提供产品和服务，并成为持续创新的基本原则。同时，信息革命和互联网技术的大规模创新应用，带来新商业、新经济的迅速壮大，并极大改变中国人的消费模式和生活方式。尽管如此，企业道德缺失、契约精神缺失等严重行为，不断在龙头科技公司和上市企业发生；生产力全面释放三十年多后的中国商业经济功利主义盛行，商品的假冒伪劣依然大量横行于市。市场商业化过度，投机性投资和消费产品的过度饱和，也反向助长了中国经济健康发展的压力。中国市场经济向善的机制与道德自律，依然是踟蹰前行。

2015年12月，在中央经济工作会议上，在深化改革的战略要求下，习近平总书记提出供给侧结构性改革。此后，在推行"三去一降一补"政策的同时，中国加强商业交易、金融领域和资本市场的各种重要管制。中国在积极保护民营企业的同时，重新塑造政府和企业之间的良好生态。而新政的各种措施同样寻求提高公平性、透明度以及经济效率，并迅速增强了民众、市场对政府的信任度。

所以，自2014年来，习近平主席多次在韩国、欧洲等不同重要外事场合谈到义利兼修，更在党和国家的重要会议上强调义利兼修,正是深刻洞察中国社会面临的问题与挑战,也是对2012年党的十八大报告中提出的价值观的明确呼应。的确,义利兼修不仅是中华传统文明的核心价值观,也是人类文明走向进步的主要价值观。习主席提出的人类命运共同体,也正是以儒家义利观和天下大同的美好世界观为核心的责任和利益共同支撑的共同体。

所以,2018年12月,党的十九大报告提出,前进道路上,必须围绕解决好人民日益增长的美好生活需要和不平衡不充分的发展之间的矛盾这个社会主要矛盾,坚决贯彻创新、协调、绿色、开放、共享的发展理念,推动高质量发展。要坚持创新是第一动力、人才是第一资源的理念,实施创新驱动发展战略,完善国家创新体系,加快关键核心技术自主创新,为经济社会发展打造新引擎。

在新中国生日的美好时刻,不忘"为人民谋幸福、为民族谋富强"的家国使命和出发时的初心,对迷雾中前行的中国,尤显重要。

在这场壮阔的沧海激流中,四十年的周期起伏,从来难知潮汐风寒的变化,企业家们又承担了比其他任何阶层更大更重的压力与风险。木秀于林,风必摧之;欲戴皇冠,必承其重。在每次与大风浪的对抗与搏击过程中,他们更是遭受极度煎熬、万般摧残。但也正是这些勇立潮头者,才有机会引领潮流,才有机会感知下一波的风潮变幻,才有机会将压力、风险和痛苦转化为动力,转化为新的机遇和生产力。四十年历经艰辛,中国的企业家们见证与创造了中国企业在改革开放大潮中的激流勇进和跌宕起伏;四十年风雨吹打,中国的企业家们所创建的优秀企业组织,为中国经济和社会发展创造了极大的物质与精神财富;四十年风华刚健,中国的企业家们塑造了全新的精神榜样和生命表率。

作为社会进步的主要推动力量之一，他们从来没有像今天所应该呈现的这样，大道重征劈新路，举足轻重领潮流。

商业经济社会，企业家是稀缺的资源，企业家精神更是稀缺的瑰宝。这既是西方商业文明所尊崇的核心精神，也是老子所强调的"勤奋和俭朴"和中国儒家追求的"修身治国平天下"的君子之道，是中国传统文化传承至今的重要基因和原动力。正如我们在《创新样本》里的样本企业中所感悟到的共同特质：优秀的现代商业理念，都从悠久的历史文化中获得精彩的启迪，而中华先贤的智慧在新的商业时代依然绽放光芒，指引我们走向更远的未来。商业文明的体现首先是契约精神、利益成果的共建共享，以及机制与理念的创新精神；更体现在企业家精神、思想智慧带来公司领导人及公司的美德生长。既体现为企业伦理、社会责任、对区域环境保护与尊重，也包括龙头示范与引领的产业责任。中国民企的文化典范横店集团，十几年前立志成为民族品牌孵化器的红星美凯龙，以及迪安诊断让国人平等分享健康等，都是企业家精神使命必达的自我升华。

所以，具有这种精神和思想格局的企业家，才有深刻的远见与洞察力，才会坚持创新和深情投入。这些正是党的十九大提出高质量发展所需要弘扬的国家精神、创业精神，更是中国提出建设创新型国家最需要的品质。

几千年来，中华民族既追求"天行健，君子以自强不息"的变革和奋斗精神，又秉承"地势坤，君子以厚德载物"的价值思想。这种传统精神和中国老古思想的内核，是君子修身奋进皆为天下家国而不为己的道统基因。这种基因，正是这些企业如此优秀的背后的力量来源，正是他们能够随时代命运同沉浮共呼吸的传家法宝。

雄关漫道真如铁，彩云长在有新天。所有历史的记录，都应该不负先哲的牺牲和托付。后来者的成功，必然是历史延续和岁月托付的成功。

《创新中国》首卷选择红星美凯龙，不仅仅是企业历经33年商海血与火的洗礼，也不是其历经沧桑沉浮而依然拥有矫健从容的身姿与步伐。超过6个月的调研、8个城市商业广场的实地考察与访谈，以及超过20万字材料的消化与研判，从商业指标、产业地位与带动力、经济贡献值等指标的综合考量，到企业品牌建设与文化创新、传统文化传承与发扬、商业文明指数与社会进步推动等软指标的分析。我们从企业和创始人车建新身上感受到商业创新的美好，感受到企业生命修炼与众不同的价值与意义，但更重要的是，我们从企业和他个人身上深刻感受到那种始终豁达乐观背后家国主义的力量，和他母亲所赋予他的正直与勤奋在爱国的主旋律中找到答案。也许，这正是我们寻找中国创新榜样的价值所在；然而，企业家和其创办的企业所拥有的这些品质，正是这个时代呼唤商业向善所稀缺的因子，其实也是考验一个优秀的人与组织对自身与国家、时代价值关系的深层次定义。在我们看来，这种定义已然反映了一个人和组织能够走向多远的思想维度与境界；在《创新中国》的指标中，文化力的强大必然发源于企业家的内心根植于企业的内心，而产生对国家对社会同频共振的思想价值，是对国家与社会必然的回报。

血汗浇来春意浓，胸中日月常新美。我们选择的企业既是应时代而生的产业经济佼佼者,更是以创新为第一动力,并不断持续创新引领产业发展,才有今天的现实成果和市场地位。红星的发展史就是一部民族企业自主创新史;整合市场、创新发展连锁家居卖场,在中国家居流通业掀起了"龙卷风";前瞻潮流、创新打造商业空间,以舒适健康的购物环境颠覆了传统的家居购买习惯;独辟蹊径、创新经营管理模式,首倡"全球品牌捆绑式"发展;等等。

但创新中国榜样企业的发展史,不仅是一部充满个性和魅力的创业史与创新史,更是一部文化创新史和爱国史。所以,我们又同时发现,红星美凯龙在民族商业和中国品牌高品质的努力塑造,以及荣誉的捍卫,不遗余力,始终如一。

对车建新来说,每一次历史的积累,都是一场坚决的自我改革。而33年的红星美凯龙,就是通过每一次的革新,实现品牌实力与文化魅力的积淀。其中的雄心壮志与无畏意志,正是得益于一个企业家的赤子之心和家国情怀。

在创作过程中,我们能够感受到企业与创始人车建新与众不同和令人敬仰背后的另一些东西,我们称之为文化信仰和道德戒律。这深入骨髓和血液的品质基因,几十年如一日支撑着我们所探究的商业模式与法则的运行,也支撑着企业跟随国家、时代的步伐,共同进步、协同互助,推动产业和社会文明的进步。

我们感恩,《创新中国》所看重的企业和创始企业家的美好品德,造福于社会,造福于为富强而奋斗的中国。我们以为,这正是改革开放的伟大意义与价值,是指引中国商业经济前行的灯塔。

大国崛起呼唤大国品牌,民族复兴呼唤大国工匠精神。在中国经济跨入重要的窗口拐点期,在中国企业关键的变革期,红星美凯龙不仅和其他优秀的企业一样推动质量变革、动力变革,更是预见性提前实施文化思想的变革战略,以良好的业绩、庞大而健康的产业生态平台、充满活力的企业内生系统,以创建美好生活为使命,与时代共命运,为深化经济改革提供了企业如何高质量发展的鲜活案例。其持续的企业家精神、进步和爱的活力,思想创新的引领,对中国企业具有深刻的借鉴意义。

新的征程中,相信红星美凯龙能够不忘初心,保持与发扬创新活力,不断地触动学习激情,秉承中国的鲁班精神,以此精神为星星之火,燎原于四海。讲好中国故事,并成为代表21世纪高质量发展的新时代创新样本,以龙的传人的品牌魅力与伟大形象,而成为全球商业的榜样。

山河识故人,风雨表寸心。

我想,一个人,得益于一个大时代的家国红利而拥有成就一个优秀组织的福分。在新一轮浪潮腾飞的时刻,抱守襟怀,不失初心,随国家奋博而进退,既是本色,更是再济沧海的故人情怀。有诗为证:是非得失功名路,进退荣辱家国心;青山不老因故人,风雨沧桑赤子情。此刻,便想起车建新先生说的话:

爱一棵树,肯定要爱这棵树的每一片叶子。

在这里,就要爱这里。

在中国,便此生不负故土。

蒋易君

2019年8月21日

于浙江省商业职业技术学院18号楼1001室

春天的日子

东风来了，燕子来了

鲜花们也来了

见证流年时光。

恰好的岁月

你来了，我来了

该来的都来了

创造生命的实相。

第一章
历史的选择

- 改变命运的历史推手
- 中国企业家嬗变
- 商业中国
- 以家国义利为是

1978年到2018年的中国，是沧海横流、惊涛骇浪的命运搏击，更是激流勇进、星光浩荡的美好岁月。在这个既短又长的时间流程里，一场天翻地覆的变革持续行进。四十年光阴，所释放出来的巨大力量，波及、震荡和穿透社会、经济、文化以及思潮等诸多领域与生活的各个层面。短暂的四十年里，中国完成了从一个封闭、保守、落后的社会形态，向开放、现代、富强的社会形态的巨大蜕变，创造了新历史，推动中国走上了一条高质量发展的伟大的复兴之路。

在这场伟大的变革中，各个社会阶层都自觉或者不自觉地被裹挟其中，在改革开放的历史进程中百舸争流，各显身手。尤其那些伴随着变革而萌生的中国企业家群体，则更是在风起云涌的时代大舞台上，以全力以赴的奋斗精神，成为社会进步的推动力量。时势造就了这批不同凡响的变革者与创造者，使他们成为这个时代的英雄。反过来，他们又开天辟地，谱写中国式的创业史，又面向整个世界，演绎了各自精彩纷呈的中国故事。

一、改变命运的历史推手

1977年10月21日这天，注定要成为国家命运和前途的一个重要拐点。中国各大媒体上，同时刊出了一条具有核爆效应的消息——恢复高考。关闭十年之久的高考大门，终于轰然洞开，570

万个出身不同、年龄悬殊、身份迥异的中国人,怀揣着梦想涌进了这座宽阔的"独木桥"。一场巨大变革在悄无声息中拉开了序幕……

假如没有这座"独木桥",战略科学家黄大年可能还在地质队做物探操作员,没有机会成为27万"幸运儿"中的一员,人生命运因此改变;假如没有这座"独木桥",中国第五代导演的代表人物张艺谋可能将继续在咸阳棉纺八厂做搬运工,没有机会走上国际舞台,开启了万众瞩目的艺术人生:手捧各种大奖,光芒万丈;假如没有这座"独木桥","中国合伙人"之徐小平就没有机会步入中央音乐学院,如饥似渴地学习西方文化和艺术书籍,进而出国留学,成为著名的教育投资人,尽管是被"文革"耽误的一代,却也成了国家有用之才……因恢复高考而改变命运的例子不胜枚举。借用1978年考入吉林大学历史系的中国社科院近代史所研究员、著名历史学者雷颐的说法,"恢复高考"简直是一项非常伟大的举措,它给人们提供了一个更大的自由选择命运的权利。这就意味着,中国人可以凭借自己的能力和知识,选择自己的人生。这位历史学家还做了一个非常诗意的比喻:"它就像塌方隧道尽头,突然射进来一束光,让人们在快要闷得透不过气来时,看到那小孔的光亮。"

斯言诚哉!由邓小平先生主导的这场教育制度变革,将当时中国青年内心的希望点燃之后,又最大限度地释放出来,改变了中国几代人的命运。"恢复高考",犹如一道梦想之光,尽管不能照进当时所有中国青年人的现实生活,尽管那时春天的故事尚未抵达叙事的起点,但却吹响了全国思想解放的先锋号,也成为改革开放的先声。

1978年，在乡下农场工作15年的宗庆后终于回到了杭州，33岁的他进入工农校办纸箱厂做一名推销员；这一年，为了挑起照顾弟妹和养家糊口的重担，南存辉"出道了"：随父亲在街头修鞋；这一年，43岁的任正非因工作失误而丢失了"铁饭碗"，万般无奈之下筹资21000元下海创业……

1978年，12岁的车建新在江苏省的常州农村读初中。贫困的家境，让父母正从最务实的角度出发，商量如何为孩子的未来找到一条最合适的谋生之路：他父亲是个泥瓦匠，希望这个儿子至少像他哥哥那样，做个木工，这样有个家庭小分队以后生意更好；他母亲则认为，还是做裁缝更有前途……在这些高考的梦想没有光顾到的角落，一批后来极为出色的中国企业家们在各自的领地或者叫残酷的人生巢穴中，开始面临选择——一场关乎个人前途与命运的生存考题，开始了一场"摸着石头过河、戴着脚镣跳舞"的商业奇迹。

但也正是1978年，这个注定要载入史册的教育体制改革，打破了思想的坚冰，给广大知识青年和整个中国社会带来极其巨大的正能量，于无声处，为中国走向改革开放注入强劲的动力。事实上，历史的冰山之下，改革开放的激流已经汩汩涌动，历史新篇昭然若揭。在一系列涉及政治、经济体制改革的重大利好政策出台之后的1985年，中央作出《关于教育体制改革的决定》，又一扇历史的大闸门开启，形成知识教育传播与学习的海洋，成为搏击奋进的思想武装，推动几代中国人投身改革开放的大潮中。

二、中国企业家嬗变

改革开放是中国梦想的驱动器。

1978年11月,安徽省凤阳县小岗村在"分田到户,自负盈亏"的家庭联产承包制合同书上的22个签名,拉开了中国对内经济改革的序幕。

杭州的宗庆后勇敢地抓住这个机会,自筹经费承包校办工厂的经销部。从此,由他开创的娃哈哈儿童营养液逐渐成为那个时代家喻户晓的饮品,而娃哈哈作为一个商业品牌,也进而成为一个流行符号,掀开与贯通了风云激荡四十年的创业史话。宗庆后至今仍然在自己最初创业的地方办公,所有办公室都是由当年的教室改造的。这里蕴藏着情感、记忆以及难以忘怀的惊心动魄——2007年,宗庆后带领娃哈哈打了一场改革开放以来最具影响力的国际商战——达娃之战,而使法国达能集团欲强行以40亿元人民币低价并购娃哈哈的梦想破灭,在中国商业史上留下浓墨重彩的一笔,保住了中国的民族品牌。改革先锋李书福打造的吉利汽车,2010年3月在瑞典的斯德哥尔摩以18亿美元的价格,收购了福特汽车公司旗下的沃尔沃轿车公司100%的股权;又在2018年宣布,董事长李书福以自然人身份以90亿美元价格,成功收购奔驰母公司戴姆勒集团9.69%的股份。这些成功的商业并购佳话背后,承载着民族企业家们超强的发展意志与成功信念。

2010年像是一个分水岭。之前近二十年,国际资本在中国市场掀起大肆兼并收购的狂潮;而从这年开始,中国企业家不仅在祖国大地掀起并购浪潮,更是进军欧美发达国家,突击国际产业与资本市场，初显了中国企业的自信和实力。与此同时，在中共中央和国务院2012年7月印发《关于深化科技体制改革加快国家创新体系建设的意见》后的一个月，启动国家高层次人才特殊支持计划。一批海外学子归来创业，加入高端材料、生物制药和信息技术的产业大军。短短八年，成为中国战略性新兴产业的主力。两股力量交织，开启中国企业以产业报国、富强民族的时代。

改革开放之后，几乎一夜之间"千树万树梨花开"，整个南方小镇遍地都是家庭作坊。到20世纪末，中国沿海城市，一个县城乃至一个乡镇，布满各个产业集群，形成中国特有的"小狗经济"现象（经济学家钟朋荣语）。

1984年，当南存辉靠抵押老宅贷款5万元，开始举步维艰的自主创业时，以横店徐文荣、联想柳传志、海尔张瑞敏、四通段永基为代表的一批知名企业家也开启艰难的自主创业路。木匠出师后的车建新在跟随师傅在西安长驻接生意的过程中，嗅到了整个国家如火如荼的变革潮流与弥漫于日常生活里的改革开放气息，他的内心涌起了事业冲动。终于在1986年，木匠阿车（当时车建新的昵称）向姨父借款600元，开始创业。通过自己组团接单，不到两年时间，车建新成了万元户，尝到改革开放带来的甜头。

1988年，创业第三年。略有些资金的阿车注册了青龙家具厂，以"前店后厂"的模式接订货做业务，逐渐摆脱包工家具木匠的生意方式。

同样艰辛前行的任正非摸爬滚打，直至20世纪末，其率领下的华为跟随世界产业大势的转型升级，勇猛精进，静悄悄成为中国最具实力与品质的企业。在浙江中部的一个小山村，徐文荣呕心沥血、大刀阔斧,开启横店大事业,40年光阴,横店成长为中国特大民营集团,成为中国企业经营的榜样和文化典范,也因"东方好莱坞"之称,让贫穷的横店镇基因突变成为全球名镇。而在迈入21世纪的那一刻,那一代中国民营企业的中坚力量已然显现出自身稳健的步伐和从容的姿态;今天,他们已然站在世界商业之巅,傲视群雄,代表中国品牌发声。

在改革开放的前期,也涌现出一批市场经济的弄潮儿和改革先锋。比如原浙江海盐衬衫总厂厂长步鑫生,就在20世纪80年代初期,他思想解放,大胆改革创新,使企业迅速发展,以其独创精神开风气之先,"步鑫生神话"轰动全国,成为20世纪80年代知名度最高的企业家,也是新中国改革史上的重要符号。

改革开放初期绕不过去的历史人物还有开创"傻子瓜子"的年广久。"傻子瓜子"因被邓小平先生多次在高层提及并收入《邓小平文选》而闻名全国,号称"中国第一商贩"。在《邓小平文选》的第三卷注释第43条,这样解释"傻子瓜子":"指安徽省芜湖市的一家个体户,他雇工经营、制作和销售瓜子,称为'傻子瓜子',得以致富。"他三次被邓小平点名分别是1980年、1984年和1992年,刚好是改革开放初期的三个重要转折点。因此,年广久个人命运的起承转合,被认为暗合了我国个体私营经济起步12年的发展进程。

改革开放的历程中,1992年是个重要的里程碑。这一年,邓小平发布了著名的南方谈话,中国开始大步迈向"市场经济"。东方风来满眼春,"南方谈话"标志着中国改革进入新阶段,讲话主旨就是要加快改革。市场经济的商业感召,深深鼓舞了浙江杭州的一位不安于现状的英语老师——马云横空出世。1994年，他开始第一次兼职创业，成立杭州海博翻译社。尽管举步维艰，但却为他打开旁观世界的一扇窗。2003年，阿里巴巴进入电子商务市场，麾下的淘宝刚上线，马上遭遇eBay这样的电商巨头。几乎在相同的时期，红星美凯龙也遭遇了百安居、欧倍得、家得宝等进入中国市场的世界级海外大鳄的挤压，残酷的竞争规则下，是你死我活的竞争局面。

喜欢武侠的马云有效利用eBay运作机制在中国的僵硬与低效，以更灵活多变的中国式"江湖"打法，迫使eBay于2006年退出中国市场，成为他创业史上的重要里程碑。同样，车建新通过商业模式创新，逼退了世界家居行业的几大巨头，被哈佛商学院列为教案的精彩的成功商战，对中国家居业的整体发展与市场新格局的形成，产生极其巨大的影响。

40年弹指一挥间，正所谓"时势造就英雄，英雄谱写历史"。在征程中，创业英雄们审时度势，抓住机遇，直面竞争，运用创新思维与本土执行相结合的经营战略，在与世界巨头的攻防争夺中敢于创新，脱颖而出，大开大阖大手笔，以深情厚谊的家国情怀，与诸多创业同仁，共构了一个崭新的光芒四射的品牌中国。

2018年的下半年，中央电视台推出了"致敬改革开放40周年特别节目"，推出了"改革开放40年40品牌"系列展播活动，目的就是要通过展示改革开放以来优秀品牌取得的辉煌成就，推动自主品牌的成长、升级和发展，以帮助中国品牌群体崛起，使那些优秀的中国品牌能够走向世界。红星美凯龙名列其中，与华为、阿里巴巴、腾讯等中国顶尖企业品牌共享殊荣。

品牌的背后，隐藏着一群坚强不屈而充满智慧的人。

经过改革开放长达40年的沧桑历练与岁月打磨，中国企业家的面孔日渐清晰并呈现出独特的气质与禀赋。经营思想与价值观也随着时间的推移而显现出螺旋上升式的演进——从最初受政策激励试图"先富起来"，到财富积累到一定阶段时数字的增长不再触发其兴奋，再到面临第二次创业乃至家族企业的接班人培养与传承。总而言之，一场起始于企业家思想深处的质变已经发生——中国的第一代与第二代企业家们，在外部环境和内在价值思考的双重影响下，价值观与经营理念发生明显的重大转移——他们现在更愿意思考企业的未来前景与社会责任，往往超越个人荣辱与财富得失，甚至高度自觉地将家族命运、企业命运与国家前途融合在一起。

作为改革开放的先行者与成功人士，文化上的修为与素养的提升给他们带来由内而外的嬗变。很多民营企业家，最初皆以草根起步，经过锲而不舍、坚忍不拔的奋斗，拥有了当下有目共睹的成就。虽然接受正规渠道的教育不足，但他们却在创业实践中积累了相当丰厚的人生阅历与社会经验。尤为令人钦佩的是，随着事业的不断发展与壮大，他们通过接受再教育与自我学习熏陶等多种方式弥补文化储备方面的不足。更勇毅者，则如饥似渴地将"学习"当成一生修为，并将此理念影响到企业员工。红星美凯龙的创始人车建新便是其中的佼佼者。在社会大学摸爬滚打的历练中，他不断地升级思维、积淀底蕴，全面涉猎管理学、教育学、心理学乃至诸子百家、西学经典，最终，以非常自信的姿态对媒体表达了一个令人惊诧的心愿：未来，想当个学者。

这样的企业家在中国第一代创业群体中十分耀眼。例如褚时健，一个曾历经艰难险阻与百般磨难的国企掌门人、"烟草大王"。在他身上，同样呈现了中国第一代企业家某种坚忍不拔的共性——尤其难上难，却永不言败。在他那跌宕起伏的一生中，自强不息，东山再起，最终赢得了尊重与荣誉。而以耄耋年迈之身躯，驾驭激情四溢的内在动力，不断开辟新天地的，还有任正非、徐文荣等，成为中国企业家的精神偶像。

在中国企业家们的内在本质里，既有一股永不言败的斗志，也有高瞻远瞩的战略思想。稍有土壤与时机，便能遍地开花结硕果，扶摇直上九万里。恰好应了《易经》"乾"卦的爻辞——天行健，君子以自强不息。

这群在中国大变革中奋勇前行并功成名就的企业家，不断夯实自身的文化底子，那是残酷的市场竞争让他们充分意识到文化软实力对企业发展的重要价值。他们深知，文化兴则国运兴，文化强则国家强。正因为拥有与国家战略休戚与共的认知，使思想深处发生的巨大变化，他们的视野、思路、胆识与操守等诸多方面也因此得到前所未有的升格，思想里子变得越来越"考究"，越来越富有含金量。在各种新思潮电光石火般的冲击与时代潮流的裹挟下，思想致富成了经营圣经之一种，"脑体倒挂"时代已驾鹤西去，且一去不复返。

经过长达四十年的乘风破浪，披荆斩棘，终于出现一批来自企业界的先行者，他们更加关注文化传统、创新思想以及中国式匠心等深层次问题。他们乐于探索中国文化的源流与根本，希望回归到"修身治国平天下"的儒家传统道路上，从当下创业实践的本源出发，反思商业文明与儒学传统，通过多重的自我修炼，以抵达一个成熟企业家所应有的境界与高度，真正完成"取之于社会，回报于社会"的人生理想。

不仅如此，他们的目光向外看得更远，承担起民族复兴的重任，勇于跨界发展，进入了文艺、艺术、体育等更多元广阔的领域，从自身企业的海外战略出发，现学现用德鲁克等西方管理大师的理论工具，进一步追溯至西方文明的思想源头，以期在未来的征程上完成更为宏大的商业文化叙事……比如红星美凯龙于2018年开始实施的"全球书架"便是其中的一个创新经典。比如早在多年前，车建新倡导学习型组织时，便将自己众多关于事业、生命、情感和社会等的思考与理解整理编辑成一本本书。他又发动企业管理层思考生命的宽度与深度，要求坚持生命觉悟的修炼。这是当下企业界的一种现象，我们不妨将它定位为——当代中国企业家的文化嬗变。

如果能以更高远的站位来观察，就会发现致使他们观念转型、思想嬗变还有一个不可忽略的外在因素，那就是因事业传承需要而引发的接班人这个阵营的出现，给前辈企业家的思想观念乃至经营管理带来了巨大冲击。

改革开放之后下海经商的企业家，其子嗣基本是80后甚至90后。由于创业成功，经济物质条件得以改善，企业家基本上把子女送往西方接受国际化教育，试图通过子女的教育先行于企业的国际接轨，把安排子女出国留学作为一种长远战略规划的布局。草蛇灰线，伏脉千里。

二代的回归与返国，带来了新的思想与理念，在潜移默化中，第一代创业家们的"思想软件"也随之迭代升级。有些则在父辈的基业之上，开创和导入了现代儒家的经营管理模式，最终完成传承式的企业家嬗变。

当代企业家普遍认为，家族传承更重要的是精神红利的传承，更加注重给后代继承者留下比金子更宝贵的东西。也就是说，精神财富的传承已经在中国企业家的接班机制中占据首位。因此，在现实生活中，中国企业家们尤其注重言传身教，希望子女树立正确的世界观、价值观和人生观。

可以想见的是，当那些充满现代商业理念的海归少帅们开始接过长辈们的接力棒，职业经理人体制日趋成熟之际，便是中国企业群体开疆拓土，走得更远之时。

很多中国企业家已经走到世界企业的竞技场中，在高质量发展的新时代，更为传奇的新故事已经开篇……

三、商业中国

经过近20年时间，中国创造了繁荣的工业化经济和小商品的贸易市场。到了21世纪初，大批量生产的优势，让越来越多的产品和越来越低的价格，席卷了整个商业世界，创造了现代的大规模消费社会。而且基于更多元化的流通模式和分配交易模式，塑造了极为丰富与庞大的消费文化和消费经济，改变了中国人日常消费的方式以及对现代生活的观念。当然，西方消费文化尤其是美国的现代消费理念，随着国际贸易的大规模发生和大批量商务、留学和旅游的发展，也渗透并全面影响和引导中国人的消费观念与文化。

　　大规模零售是在小商品市场与批发时代共同发生的,这是中国市场区别于欧美、日韩等发达国家的一个普遍性现象。除此之外,另一种新的零售模式——连锁商店也同样推动大规模消费的传播和商业模式崛起,改变了中国人的消费模式。

　　21世纪第一个十年,高效的大批量生产和大规模分配技术、复杂的组织结构,以及消费导向性产品的扩散共同推动了经济新一轮的增长。而持续改革的精神意志和政策持续的激励,正是进步时代具有活力的主要原因。这也得益于政府持续而坚定地推动产业经济的发展和不遗余力地支持商业巨头的扩张。政府、公司和商业既保持距离,却又如此亲近,乃至在某些领域和阶段深度融合不可分离,并深度介入的因素成分,根源于政府组织和大量部门的商业化,以及大部分领域的经济化、产业化,皆在协同加快推动中国经济的全面发展。而中国的商业领袖也取得了在文化、法律和政治层面中的更高地位。

　　与此同时,连锁经营模式已经成为各种服务业不断发展的重要支撑力,取得比任何其他类型商业模式更快的增长,并极大带动中国制造业衣食住行的规模化发展。在塑造并传播商品品牌的同时,批量出现了品牌化的企业,从而形成了巨大的具有各种各样价格、特色和消费市场梯度的商业零售经济,大约到了2010年,已经成为中国零售市场的主流。

　　沃尔玛的创建标志着传统杂货店经营模式的重大转变。作为世界最大的零售商,一直以来是中国商业敬畏的全球领导者。2008年,美国华尔街金融危机爆发,并严重影响与拖累全球贸易，商务部门和传统商贸业忙于应对，并没有感受到以美国和中国为主要市场的电子商务静悄悄地渗透。2010年，隐约是个重要分水岭。以阿里集团旗下的淘宝网为代表的电商全面崛起，并呈现势不可当的力量。此刻，"线上"成为流行的代表，俨然已是中国零售商业新贵。中国连锁零售市场（所谓线下或传统市场）进入全面洗牌、整合和重塑的十年。百货和传统市场整体衰退，超市企业在整合中变革升级；服饰、鞋业、珠宝、食品等专卖零售连锁品牌迎来关店潮，品牌集中度大大提高；家居、电器及装饰等制造与商业平台，在升级换代中依然享受城市化进程的红利，但产业集中度提高，更基于中国文化复兴带来家居市场的商业文化的演进，以及以红星美凯龙、万达、苏宁等为代表的平台商业龙头的精心布局和生态建设，原来占据中国市场鳌头的外资巨头全线败退。有的大量关闭门店，有的已经退出，更有一些被中国巨头收购，如百安居被物美集团收购，而2019年6月，中国家乐福被苏宁整体收购。

但资本的大量积累并渗透至各个产业经济领域和商业公司，也带来价值观的重大挑战。世界上没有任何一个国家像中国这样，在20世纪末，经历近二十年的工业化经济同时，迅速迎来商业零售与服务业的高速繁荣和发展。在满足基本衣食的常态化消费后，住行时代到来。1998年福利分房结束成为一个标志分水岭。新建住宅、居家用品、汽车迎来黄金二十年。而服务业的长期发展创造了高度多样化的经济：家庭服务业、金融服务业、知识密集型行业等。商品的严重过剩，服务业经济成为商业主流，为互联网经济规模化扩张并迅速成为巨型公司提供了良好的基础。

21世纪以来，尽管中国商品流通市场体量庞大，但与发达国家相比，品质要求和市场诚信体系也有不少差距。但同时却迎来了席卷全球的知识经济浪潮和互联网经济，这使得中国社会成为文化思想急剧碰撞的大磁场，中国市场成为世界上最为复杂多变并具有极大多样化的经济体，并对中国人的生活产生深远的影响。而2017年，中国设立国家品牌日，提出高质量发展的使命目标，说明中国制造与发达国家具有一定的差距。

本杰明·沃特豪斯在《美国商业简史》中说道：20世纪下半叶，美国企业越来越多地面向大众消费，并从制造业逐步转向服务业。这几十年来，不仅技术、零售和就业方面出现巨大变革，就行业发展而言，金融业也以其极大的体量逐渐上升到社会主导地位。更重要的是，所有这些变化都是在全球化快速发展的背景下展开的。商业的全球化，特别是贸易和生产增长的全球化趋势，极大地改变着美国的商业环境。这些对美国的描述如同发生在21世纪初的中国。

本杰明认为，20世纪商业全球化的历史，是相互联系的世界秩序逐步重建的过程。在20世纪80年代，中国基本缺席全球商业的发展。但仅仅十余年时间，在新经济领域，中国与世界同步。21世纪初，服务业的快速兴起和制造业的日渐黯淡开创了新的经济秩序。知识型和技术型服务业处于社会顶端，并创造了巨大的财富和机会。随着计算机技术的快速发展，通过个人电脑和互联网的连接，IT与消费经济高度交融。这创造了新的信息时代，为消费者和企业带来新的机遇。到21世纪的第二个十年，互联网技术已经成为不断增长的消费导向型经济的重要组成部分。分享经济的出现，重新定义了我们对大公司的认识。

21世纪的第二个十年，金融化过程与互联网经济重塑了众多的产业，不仅有传统商贸零售业，还包括银行业、制造业，以及餐饮、酒店与文化娱乐等传统服务业和高端技术服务等新兴市场。进入这些领域的投资者、金融人士和技术天才们，积累了大量财富，并成为中国商业界的翘楚，成为政府、媒体的座上宾。而新兴资本们推波助澜，使得中国科技领域和资本市场产生大量的投机泡沫。科技与金融的泡沫推动企业的基因突变——平台化、社会化和生态化，成为这一轮商业经济的主流特征，并迅速巨头化和边界模糊化。这一类裂变式的发展，也相应降低了企业的经营责任与社会责任要求。

现代商业公司和大规模消费的胜利，对中国人的生活造成了深刻的影响。当然，此时的中国，由美国转移至中国的知识经济的兴起、信息技术的高度迭代促使知识商业巨头的出现，超过十年的并购浪潮诞生了大公司对资源和市场的集聚效应等，也推动中国市场整体水平的提升。

短短四十年光阴，中国在巨大的历史惯性作用下，在步入世界舞台中央的同时，已完全进入商业经济时代，迎接全新的光辉岁月。

四、以家国义利为是

21世纪的第二个十年，中国企业家海外投资与国际化战略，鲜有进入高科技领域、产业基础研究领域和未来科技引领的领域，房地产、旅游、影视娱乐、酒店等领域居多，更多的是生意上的成功，自我财富追求的成功，而不是推动产业进步和领先的成功，更不是站在国家产业经济壮大富强的战略高度。肩负深化改革重任和国际市场竞争压力的中国，面临着经济可持续发展与社会和谐的双重考验。

历史学家费正清先生在《中国简史》中说，中国的现代化发展，是自身内在的基因变革和发展冲动的结果，具有自身的内在性和动力源。成功的企业受益于这个时代，是改革开放的产物和果实。他们的成功，与我们的国家一样，始终焕发出前所未有的积极性、主动性和创造性。改革开放的历史，和中国优秀企业的发展史，都是一部创业史，更是一部创新史。过去的成功，是交给时代应有的答卷，是与祖国共生共荣的必然结果与大道奉行。

但我们认为，没有成功的企业，只有时代的企业。以国家义利为是，以自己得失为非，才是历史赋予我们的根本大义。走进新时代的中国和中国精英，必承家国义利之重，才有真正立于世界之巅的自信与实力。

唯有大地

可以承载悲欢离合

唯有家庭

可以包容喜怒哀乐

唯有大国

可以独立自由追远方

而我唯有

唯有默默地夯实

身体、心灵和思想

第二章
大国品牌

- 全球 Mall 王
- 大国工匠
- 立功立德，初心不改

推动中国制造向中国创造转变、中国速度向中国质量转变、中国产品向中国品牌转变。

——习近平，2014年5月

1978年，中国开始实行对内改革、对外开放的政策。中国从计划经济体制转移到市场经济上，逐步探索一条独有中国特色的社会主义强国之路。随着这股政策春风，四十年风华，中国的企业也从最初产品的简单供应走向品牌化的全面发展，在波谲的市场竞争里探索强企之路。

红星美凯龙，自创业以来一直坚持追寻梦想，倡导居家文化和品位，将现代商业模式"Shopping Mall"与中国的传统商铺模式相结合，进行全国连锁拓展。通过坚持不懈地实施产业流程再造、产业链价值深化以及不断升级创新，创造了一个全新的商业模式，连续5年跻身中国民营企业500强前50位，成为独具特色的中国商业自主品牌。

与这个时代其他优秀的中国品牌一样——与时代共同成长、直面全球商业竞争，并自觉在成长中肩负起中国品牌的崛起之任：无论是将自己定位为中国家居业民族品牌的孵化器，致力于打破国内外消费者对中国品牌的固化认知和"中国制造"的低端形象；还是以打造中华民族的世界商业品牌为目标，坚持自主创新，不断迭代进化并通过商业模式创新，通过文化艺术的赋能和产业生态的打造，引领中国的企业能够设计出更好、更多的尖货产品，进而引领消费者实现品位的提升，红星美凯龙始终不断创新、平衡并牢牢把握"品牌"的核心与"价值"真谛，最终创造、引领中国生活，影响世界生活，彰显品牌自信。

2015年，红星美凯龙再一次出发：从家居平台运营服务商向城市家庭生活服务商进行战略转型，并进行线上线下融合。33年来，从小工匠作坊到引领中国家居生活的大品牌，从小木匠到以设计为科技、传承鲁班大师未来使命的"大工匠"，红星美凯龙在创始人车建新的带领下，以独有的"红星文化"成就品牌价值，努力为创造美好生活全力奋进。

一、全球Mall王

有一种奇迹，叫"中国速度"。

1986年，红星美凯龙在江苏常州正式创立。创业伊始，主要从事家具定制与市场交易及商业模式的摸索；2000年，"红星美凯龙"商标正式启用，并开启了走出江苏常州、征战上海、北上平津、雄踞山东、挥戈西南等一系列商业部署，以雷霆万钧之势在中国家居流通业掀起了"龙卷风"。红星美凯龙全国大连锁的格局逐步形成，知名度和影响力辐射全国。

2016年岁末，湖南怀化的红星美凯龙Mall正式登台亮相。这是集团的第200家Mall——董事长车建新带领团队，提前4年完成了2002年许下的"200家"诺言的同时，也再度用速度刷新全球商业Mall的新标准。红星美凯龙一跃成为全球规模最大、数量最

多的大型商业运营商,成为当之无愧的"全球Mall王"。

作为全球龙头,红星美凯龙家居购物中心实现集家饰、设计、装修、休闲、餐饮和娱乐为一体。在卖场建设、设计、业态和配套服务领域30年如一日持续创新。近年来,企业与时俱进,围绕家居主业,积极进取、加大战略和模式创新,形成以家居为核心的地产、商业百货、互联网、物流等业务板块的产业链延伸,还设计出了一种"双Mall"联动模式:家居Mall+购物公园商业Mall的全新业态模式。

作为全球Mall王,红星美凯龙创建了一个庞大的品牌库,里面拥有超过20000多个产品品牌,并且还与近70000户家居产品经销商建立了紧密合作。通过打通品牌和经销商,红星美凯龙已经形成一个相对完整的商业闭环。据此,在行业内建立了强有力的话语权与设计引领的自主权,支撑着集团产业规模的快速扩张、商场革新的不断迭代与产业健康发展趋势的探索，最终助力其"全球家居品牌典范"的塑造，"为中国生活设计"的期待加码。而且，在红星美凯龙的卖场平台中也已经孵化和孕育了皇朝、顾家工艺、芝华士、斯可馨等200多个民族品牌，形成中国家居领域中气势恢宏的民族品牌矩阵。

2015年，红星美凯龙在香港联合交易所主板挂牌上市（股票简称：红星美凯龙，股票代码：01528）。2018年，又在上海证券交易所主板挂牌上市（股票简称：美凯龙，股票代码：601828）后，成为中国家居零售行业A+H第一股。

截至2019年7月，红星美凯龙集团在29个省、直辖市、自治区的220个城市经营了373个单体商场，其中自营商场85家，委托管理商场232家，星艺佳特许经营商场28家。随着中国二、三、四线城市居民收入水平的不断提高，红星美凯龙将继续致力于引领这些城市家居类消费升级，继续以"委托管理"的方式，在加大二、三、四线城市的布局和沉淀，在当前H股+A股的双平台资本助力下，由大家居走向大消费，向千家Mall的目标大步迈进。

从卖家具到"卖"生活方式，从以企业盈利为目的到以肩负社会责任为己任，红星美凯龙成长为一个具有社会功能的企业公民。企业先后被全国工商联和国家劳动保障部授予"就业与再就业先进单位"称号；2005年，被中国精神文明建设指导委员会授予"全国文明单位"荣誉称号；2006年，公司党委被中共中央组织部授予"全国先进基层党组织"称号；2007年，被全国总工会、全国工商联授予"全国关爱员工优秀企业"称号。此外，企业还当选"2006 CCTV年度十佳雇主"，荣获2015年度"最具品牌价值奖",也被评为"2017年度CCFA中国连锁业员工最喜爱公司",荣获"2017年度央视大国品牌""2018年中国典范雇主暨HR团队管理典范"等称号。

不仅如此,红星美凯龙还持续发力加大对绿色环保品牌的扶持,推动全社会绿色家居、和谐社会的发展。2002年,红星美凯龙就在全国率先推出诚信服务创举,推出"无理由退货、先行赔付、比价退差、绿色环保"四项承诺;2012年,提出家居建材行业"家居专家",将服务承诺增至9项;2015年2月,借力商务部、国家质量监督检验检疫总局,联合中国质量认证中心推出了"中国家居正品查询平台",实现了家居产品防伪追溯。截至2018年6月,企业已联合1500余家品牌完成系统上线培训,500余家主流品牌上线,产品贴标逾15 000万件。另外,红星美凯龙还改变以往对工厂的源头商品进行抽样检查的方式,独创售前、售中、售后的全方位质量管理体系,实现"绿色家居·正品追溯",努力保障每一个消费者的居家健康。

一直以来,红星美凯龙还热心社会公益事业,积极回馈社会。成立"和谐家庭"专项基金、爱家专项基金、红星光彩助困基金等,捐建"红星美凯龙绿色环保林",援建"红星美凯龙希望小学"……并荣登2006年中国慈善排行榜第40位、2007年胡润慈善榜第59位、2008年胡润慈善榜第98位、2018年胡润慈善榜第18位。30多年来,企业已累计捐款捐物超过3亿元,用于扶贫济困、抗震救灾、环境保护、和谐家庭、教育助学等多个领域。

二、大国工匠

以"提升中国人的居家品位为己任,对每个家庭的居家环保负责任"为企业使命,以"'立德、立功''成为家居生活专家''为合作伙伴创造价值''为有能力、有贡献的红星人谋求物质和精神幸福而努力'"为企业价值观,红星美凯龙这一系列企业价值观的表述,无一不在显示着自己在文化创新和创新文化中对于"匠心"的践行。

随着改革开放进程的深入,国家比任何时期更关注与重视"工匠精神",重视高质量发展的探索。在2016年3月召开的"两会"上,国务院总理李克强就提出了要"培育精益求精的工匠精神,增品种、提品质、创品牌"——这是"工匠精神"第一次出现在政府工作报告中。随即,"十三五"规划纲要明确提出"营造崇尚专业的社会氛围,大力弘扬新时期工匠精神"。2017年10月,习近平总书记在党的十九大报告中明确指出,2035年,中国要成为世界现代化的制造强国。要成为制造强国,就必须很好地传承古往今来的"工匠精神",并将大国匠心发扬光大。

刨根溯源、专注专研、一丝不苟、精益求精等鲁班身上闪烁的品质,被现代人尊崇的"鲁班精神",也就是中国的"工匠精神"。木匠出身的车建新将祖师爷鲁班当作自己的引路人,并在实践体验、探索、学习里,提出"设计即科技"的理念,并不断丰富独属于红星美凯龙的"匠心"文化体系。

2008年6月,红星美凯龙第八代超大型公园式家居商场在上海开业:内设世界第一座50年、500年后的未来之家体验馆,打造完全公园式环保、休闲、娱乐环境,让红星美凯龙走到世界家居卖场的最前沿,强烈显现了企业作为中国家居业一代人打造世界品牌强国的自信和决心。当年,红星美凯龙销售总额突破235亿元,成为中国家居业的第一品牌。企业由此开启新的战略布局,开始从"渠道"向"平台"转移。

2010年,红星美凯龙成为上海世博会家居流通业唯一参展品牌,站上了向世界展示中国家居面貌的国际舞台;2012年,全国100家商场的规模落成,红星美凯龙成为中国家居业第一个拥有百家商场的企业,开启全球家居百Mall时代的新格局;2013年,首个第九代商场上海浦东金桥商场开业:现代化的购物环境、大量的原创设计,建筑和室内充满感染力的艺术元素与文化主题,全面体现企业以世界家居文化为基础的社会责任意识。这开启了企业以中国原创设计为家居事业长久良性发展基石的行动,也表明企业一以贯之的经营理念:始终坚持以缔造品位艺术、传播居家艺术为目标,致力于追求中国家居业的美学发展,提升我国家

居业水准和消费者的生活品位。5年来，企业举行大量以设计和设计师为主题的活动，创立各种设计基金。希望以设计影响和改变更多中国人的家居生活方式，逐步提升中国家居消费审美。在支持原创设计的同时，企业借助渠道优势提升国内消费者对原创设计的理解并挖掘其消费潜力，并利用中国国际家具展览会的行业市场影响力，打造对巡展经销商及设计师群体的高关注度，积极推动中国原创设计在市场端的话语权。

不仅在商业运营系统上一如既往深化"设计""匠心"的传承与实践，红星美凯龙还创新文化思想，由内而外培养"匠心"之作、"匠心"之人。从2013年起每年开展的"鲁班文化节"、2017年开始并持续推出"鲁班设计尖货节"、开办"鲁班学院"等，培养"匠心"人才。

在2017年的年度工作规划中，红星美凯龙提出了"匠心极致"的口号，对品质提出更高的要求，强调品质要靠精细化、靠创新、靠细节。2018年，提倡"匠心创新"，仍然强调"匠心"与"创新"，倡导"设计就是科技"，"品质就是科技"，把"匠心"上升到一种"品质思维"的高度。"鲁班学院"的成立，实质上是对"工匠精神"的一种制度设计，并努力让"工匠精神"成为每个员工的自觉追求。

2018年5月9日，由中国品牌建设促进会、经济日报社、中国国际贸易促进委员会等权威机构首次举办的公益性质的中国品牌价值百强榜发布会上，红星美凯龙进入"中国品牌价值百强榜"。中国品牌价值百强榜的总价值为56578亿元，其中红星美凯龙以173.98亿元的品牌价值，位列第66名。

"我们总是看到别人成功后这个领域成为红海，感觉没有机会了；但实际上，时代一直在发展，总是在迭代和突破，暂时没有成功主要是创新和努力不够！创新就是看准方向，努力就是要加倍奋斗。"大国品牌的背后，是这位20年前就提出"设计即科技"的企业家，20多年如一日的精心雕琢与坚持不懈。"平时不讲究品质、品位，品牌就是悬空的，无法落地。平时不注重质量、环保、服务，就谈不上口碑和品牌。平时不注重每一个小细节的完美，就难以维护'大国品牌'荣耀。"车建新如是说。

30多年来，从一家地方家具专营店到如今第九代Shopping Mall式的一站式体验家居购物广场，红星美凯龙不断升级创新，汇聚了超过800个国内高端品牌以及超过400个进口品牌；过去10年，在持续创造品牌价值的战略引领下，企业以爱琴海购物公园为蓝本，从家居购物升级到家庭购物模式，并积极探索新零售路径与创新模式，实现线上线下一体化融合、建立无缝衔接的服务闭环，持续带动行业未来的发展方向。

三、立功立德，初心不改

矢志不渝怀揣大国工匠中国梦想的红星美凯龙，传承鲁班精神，致力于打造中国式的"匠心"。以"创新+匠心"为事业支点，通过模式创新与价值提升，运用"商业+地产"的双轮驱动模式，在激烈的竞争中，以中国商人特有的质朴智慧与勇气，战胜了欧倍得、百安居、家得宝等国际家居商业巨头。不仅使中国的家具、建材工厂没有沦为洋超市控制的加工厂，更是将自身转化成中国广大家具、建材生产企业品牌自主创新的孵化器。

振兴民族商业，是红星美凯龙自主创新的动力源泉。在过去的33年里，红星美凯龙品牌顺势而生，从第一代到第九代商场的不断升级创新，令人鼓舞与振奋，从此走上了一条可持续性发展的道路。33年，虽短尤长。在改革开放风起云涌的时代浪潮中，从白手起家的"无"，到成为世界Mall王的"有"。最终，红星美凯龙成就了自己，引领了行业，并为国家谱写了民营企业在家居业中的一段传奇，和足以载入中国商业发展史的创业典范。

2007年以来，红星美凯龙立志家文化的建设与传播，以帮助更多家庭在安居之后提升和谐、美好的生活力量。在高质量发展的新时代，红星美凯龙以自有平台的综合能量积极开拓新零售，充分利用互联网和人工智能的优势推出"智慧商场"，并以文化旅游战略拓展与深化消费者的家居美学，以更为创新的"城市客厅"来影响消费，实现价值提升，并带领更多的国有品牌走向世界，在全球范围内被更广泛的消费者认知。

2018年，由红星美凯龙赞助、中国文化走出基金会发起的中外友好交流项目——中国书房友好书架，已经在欧洲国家摩洛哥落地。这既是红星美凯龙紧随国家战略步伐，呼应时代意志，对国家进一步深化改革的致敬，也是企业文化战略跨出的世界性舞步。在文化交流与协助的推动下，红星美凯龙势必走得更远。

变
是不变的永恒法则

青山不离其志
清水不居其形
悬崖上有高洁的风
沧海中有流动的金

变的是梦
是岁月的星光
不变的是心
和永不磨灭的信念

第三章
自主创新,星火燎原
——红星美凯龙创新模式解读

- 与时代共舞
- 自主创新为魂的商业创新探索
- 匠心根植的文化创新基因
- 资本化战略
- 人才战略与组织变革
- "美好"生态经济体

与时代共舞

　　改革开放的中国,风云激荡,高歌猛进。40年沧桑巨变,既是一部涉及民族前途与国家命运的伟大变革史,也是中国民营企业快速成长,进而勇毅崛起的商业发展史。在这不平凡的岁月里,繁盛的民营经济,诞生了一批大国工匠和著名品牌,对中国发展的贡献之大之深,不言而喻。

　　从家庭手工小作坊到企业化生产、从家具制造业到家具流通业、从单一市场运作到家具连锁经营、从自主经营市场到品牌捆绑市场、从集团化家具市场到品牌化家居卖场,自主创新始终如烙印般深刻在红星美凯龙的成长基因里,并最终成长为企业发展的引擎,带领企业实现了经营业态和模式的多次飞跃,成功走上集团化品牌连锁经营与资本运营的道路,成为中国家居业的第一品牌,并因多元化和多品牌发展战略,布局商业地产,进军购物中心,成功晋身中国一流的商业品牌,稳居中央电视台"改革开放40年40品牌"金榜。

　　33年风霜雪雨中,红星美凯龙从无到有,从小到大,从弱到强,以敢为天下先的气概,在商业模式、文化创新、组织力建设上不断发展创新,把家居市场自主创新成为品牌家居Shopping Mall的现代连锁服务业。在这其中,有初至上海折戟而返的"至暗时刻"、也有直面国际品牌大鳄的竞争围剿不断突围的因地制宜、高瞻远瞩,更有海阔天高之时与全球一流互联网公司强强联合打造智慧零售平台的魄力。红星美凯龙在创始人车建新的带领下，总是能够顺应历史发展的大潮流，积极应变，主动求变，始终与时代同行……

而今，功成九州，剑指全球，红星美凯龙有太多值得深入探究的经营奥秘与深情故事。今正值神州普庆，我们以管窥豹，一探企业创新魔力，再现企业和创始企业家的闪光片段，以见证美好岁月，纪念这个时代。

一、自主创新为魂的商业创新探索

红星美凯龙在品牌自主创新道路上的快速发展，作为一种现象，受到人们的广泛关注。对此，红星美凯龙董事长车建新对商业模式做了十个字的高度概括：市场化经营、商场化模式。短短十个字，浓缩的是中国商贸零售从业者们近40年探索与实践的智慧。尤其是家居业，红星美凯龙在中国开创了一个全新的商业模式，创造了一个现代服务的新行业。

忆往昔，企业在创业发展中，逐步形成坚定的自我认知：如果单纯跟在别人后面走，要想赶超几乎没有可能。于是，能实现从追随到赶超，从跟跑到领跑，自主创新成了唯一的准绳；于是，红星美凯龙有了基于中国基本国情、"白猫黑猫理论"指导下的商业模式的自行探索和大胆创新。于是，有了红星美凯龙市场化经营商场化管理表象背后的"四位一体"的 Shopping Mall 模式、共生共荣的平台化经营战略，和民族品牌孵化计划以及强强联合的智慧零售平台。

(一)"轻重"智慧：四位一体的Shopping Mall模式

21世纪的第一个十年，中国企业身处的外部环境发生两个重大的改变。从宏观层面看，由于原材料价格上涨、劳动力成本提高以及人民币升值等客观因素，导致中国企业以往赖以生存发展的"低成本竞争优势"风光不再，多数企业都面临着转型升级。另外，由于行业不断地走向成熟，企业与企业之间的竞争已经从单点优势的竞争向整体竞争优势过渡。同时，由于海外强劲有力的竞争群体的加入，使众多行业的市场出现了更多的不确定性，竞争更加激烈。在这样的背景下，企业要想取得持续成功，必须重塑经营模式。

红星美凯龙的决策层充分认识到，中国历史悠久，蕴藏着深厚的商业文化。第一次世界商业革命，便是发源于中国的"丝绸之路"——行商；第二次世界商业革命，则是城市的逐渐形成，中国的商铺繁荣——坐商；第三次世界商业革命，是欧美兴起的便捷购物的超市模式；第四次商业革命是专业化连锁——个性化的舒心购物时代，要求商场品牌多，个性化选择强，兼备休闲、娱乐的功能，满足顾客舒心购物的体验。正是基于这样的认识，红星美凯龙自行探索，大胆创新，将现代商业模式Shopping Mall与中国的商铺传统相结合，并以全国连锁的方式运营。然后通过不断的升级创新，终于发展成为独具特色的中国自主商业品牌。而21世纪的第二个十年，互联网带来商业零售市场的颠覆式革命也许可以理解为第五次世界商业革命。电商兴起，且以短短时间便与传统巨头平分天下。此时的红星美凯龙，一样顺应时势而依然立于商业潮头。

从家居产业平台向商业经济生态平台的尝试，正是这家以创新为不变法则的企业，又一次蝶变与进化。

1. Mall 的战略进化

自红星美凯龙作为商业案例进入哈佛大学教材之后，它的商业创新模式就变成了一桩教案而被学界、商界以及媒体广为引用与解读，得以从不同的角度与立场，深度剖析通过不断创新升级发展起来的富有中国特色的崭新商业形态。那么，自主创新的红星美凯龙，到底走出了一条怎样的模式创新之路？一个传奇的人物依托家居事业，缔造了一个巨量级的全球性商业品牌，这背后到底蕴藏着怎样的发展逻辑与成功秘诀？

1997年，零售业的连锁模式在国内初步兴起。此时的车建新较为全面地考察了欧美连锁模式，认为这正是中国未来的零售商业趋势。回国后，他开始筹建自己的连锁品牌市场，并将公司的经营定位从"渠道"转向 Shopping Mall 平台，并引导适合的品牌商入驻，以"孵化器模式"集群发展，试图在全国市场中占据有利的战略位置。这个阶段，主要利用品牌商入驻的租金来盈利。

然而，发生在2001年的一件不大的事情，让车建新备受刺激，使他下定决心要把红星美凯龙全国连锁市场建设得更快、更好，打造出属于自己的民族商业品牌，与外来的"洋品牌"争高下。事情的起端是，美国沃尔玛总裁李斯阁来中国考察市场，虽然美其名曰考察中国市场，可当时他只走访了法国家乐福和德国麦德龙，对中国的商场和卖场几乎视而不见。此事后来竟演变成一种驱动力，引发车建新加快连锁商超模式创新的步伐。

总结过往，以自建与合资的双Mall模式运营商场，实际上起源于商业地产的经营思路。从1997年第一次购地建店开始，这个思路就成为红星美凯龙扩张战略的宗旨。购地建店，既规避了租金的不断上涨，地产的升值更是为其带来更大的回报。同时，再辅以"委托管理"的方式。为了寻求与地产商的合作机会，红星美凯龙在地产开发的最初环节便介入，自行负责设计建店、招商和经营管理。

自诩为郊区工作者的创始人车建新，早年间以"家居"定性选择Mall的位置，因此均在郊区。随着历史的变迁和城镇化的拓展，郊区成了新兴的城市中心。此时，彼时Mall周边所有的数据、元素支撑发生了翻天覆地的变化。如何在城市新中心，发挥Mall自身更大的价值，成了车建新思考的重心。当家庭Mall概念逐渐形成时，红星美凯龙就逐渐形成了一套独有的双Mall驱动模式。

自2009年起，红星地产开始专注开发运营城市综合体及商业购物中心项目，以"创造更持续的价值"为目标，围绕资产盘活、资产运营以及资产升值提供全程专业服务，大力发展轻资产业务，全力打造继家居股份公司之后并与之协同并进的商业地产开发运营平台。

借鉴欧美"Shopping Mall"的模式，搭建好一个商场平台，吸引工厂、地区经销商进入，实行"现场直销"，从而让这个平台成为他们的"渠道"。而红星美凯龙的角色，则从先前的"产销者"转变为经营管理者，按红星美凯龙的标准用语，这就叫"委托管理"。这也为企业在后来全面发展真正的委托管理业务积累了丰厚的家底。

通过为入驻的建材与家居品牌商提供统一的营销、售后服务与上岗培训等系列服务赚取租金，以此作为盈利来源。这是根据中国的市场特性,结合"商业地产、中国百货商场传统、欧美连锁以及Shopping Mall模式"融合而成的,富有独特创造性的红星美凯龙"四位一体"模式。

该模式在中国尚属前所未有的首创。其核心运营能力主要来自三个方面:其一,商业地产的规划和开发能力,该能力的培育与发展直接衍生出红星地产这一重要事业板块;其二,面向全国市场的招商能力,即打造平台和品牌吸引力与影响力的能力;其三,商业卖场的经营管理能力,即"委托管理"专业运营水准。

除了业态向Shopping Mall转变之外,红星美凯龙独创性商业模式最显著的特点就是与商业地产的高度融合。较之传统的建材超市,Shopping Mall对物业的要求更高,面积太大,租赁的风险很难控制。再次,如果租赁价格产生10%的波动,产生的后果就是上千万元的风险。所以,要抗风险与降低成本,进入商业地产自行运营是个上策,买地是维持资金链的最佳良方,这也正是车建新最终会选用买地而后拥有物业的"重资产"方式来解决发展瓶颈的重要起因,并理所当然地将之视为企业发展"命根子"的原因所在。正是这种"先行一步,未雨绸缪"式的地产储备思路,使红星美凯龙轻松规避了商业物业费暴涨期,犹如拥有了挪亚方舟似的自行决断的红星模式,在全国各大城市复制,从而成功地专注于Shopping Mall的规模扩张。从北京第一家家居Mall试水至今不过六年,红星美凯龙就依托强大动力,以及自身的高效率和高质量,在零售Mall的市场上有了自己的一定位置。作为体验式商业服务的典范,红星美凯龙控股集团旗下另一个购物中心品牌——爱琴海购物公园,已在北京、上海、天津、重庆、昆明、福州、兰州、唐山等地开业13家。作为国内最早布局大数据的线下商业平台，爱琴海已经构建了完整的内外部大数据生态，实现了定位精准客群。目前，已形成打通线上线下，囊括3000多品牌资源，年服务1.8亿人次消费者的庞大商业平台，已开业商业面积年平均销售增长率达到40%。

作为国内兼具高雅和品位的时尚休闲娱乐文化购物中心的代表品牌，爱琴海购物公园拥有包括真冰场、滑雪场、天空农场、马术体验、婚庆中心、儿童乐园、书局、模拟舱飞行、场景体验、手作技能、旅行及动漫等多种文化休闲娱乐体验馆，开创了文化体验商业先河。并以顶级的超现代建筑设计、独创的情景式共享空间模式、汇聚500多家的品牌组合，和盛大的文化推广活动在所在城市引起轰动，成为提升城市定位的绝佳名片。重庆爱琴海开业首日46.6万人次、福州爱琴海开业首日46.8万人次、天津爱琴海开业首日35.6万人次。拥有上海规模最大和壮观优美音乐喷泉的上海爱琴海购物公园作为旗舰店已在2017年年底盛大开业，项目商业建筑面积超过20万平方米，成为上海新地标。

2018年9月，爱琴海购物公园第二个产品线奥特莱斯正式对外发布。红星美凯龙认为，消费升级不等于价格升级，其本质是让更好品质的商品更具有性价比，而不是更贵。所以奥特莱斯在名品折扣之外，其全新产品线"艺术空间+儿童体验+美学生活+品质服务"满足了地域消费者一站式品质生活所需。"我们打造的奥特莱斯，贩卖的不仅仅是物有所值的商品、贴心的服务、舒适的物业环境，我们希望更是地域消费者一站式品质生活解决方案的提供者。有艺术、有品质、有情感，又是能够满足家庭消费。

地处城市的全新奥特莱斯,承载每一个人的生活梦想。在这里,不仅仅可以认知、学习美好生活,更可以满足每一个人的社交、欢聚与分享。"这是企业一再强调和表达的创建思想。新奥特莱斯的战略思路和设想,已经分明体现企业构建家庭生活消费与服务生态的雄心。

这是红星美凯龙进军零售商业后的再一次全新摸索,也是在复制家居Mall轻资产战略成功模式上的再一次试水。爱琴海购物公园意在打造一个高性价比且高品质的线下消费场景,以实现红星美凯龙的品牌价值在商业零售领域的赋能以及另一个全新"委托管理"体系的探索与再造。截至2018年年底,爱琴海已进入60多个城市,签约打造了70余个有独特气质的人文地标,从签约数量再到管理面积,稳居行业前列。历经九年,红星地产快速跻身中国房地产50强之列,连续6年荣膺中国商业地产TOP2,并多年获得房地产开发企业稳健经营TOP2,俨然成为业内一股不容忽视的力量。凭借对生活美学的不断追求,红星地产的规模化正在加速发展,目前已经在全国近70个城发展90多个项目。

助力城市升级,是红星美凯龙成为世界Mall王之后的一项重要的发展策略。企业已经将家居业的经营理念融入综合体的开发之中,以国际"梦想"为城市综合体市场树立新标准,打造新的经典项目,倒逼自己的进化迭代。而整体布局上,红星美凯龙凭借自身累积多年的良好公共关系、融资平台和品牌优势先期进入一线城市和经济发达的二三线城市,以商业运营为核心,独创城市综合体的地产开发模式,在带动经济效益的同时,最大限度地完善城市基础设施配套,对区域整体的形象发展与价值提升都将起到极大的推动作用。红星美凯龙集团在常州、无锡、木渎等地打造的城市综合体项目均已成为当地的标杆,为城市的升级发展,奠定坚实的基础。

2. 品牌运营加持委托管理"轻"战略

红星美凯龙的迭代壮大,与多年来启动的轻重战略密切相关。

"重",是指红星美凯龙商业完成自有项目的开发运营,"轻"则是为其他房企项目做委托管理,推出从规划设计、商业建设到招商运营的"资产管理服务"。企业据此打造了独有的以品牌资产价值为支撑和赋能的"轻重"双轮驱动模式,推动企业快速发展和健康成长。

其实,"委托经营管理"模式是其"孵化器模式"的升级版,也是与红星美凯龙"Mall"模式并肩齐驱的另一种战略进化,也恰恰是企业充分领悟到商业品牌的价值,进而充分挖掘实行战略平移。委托管理战略所依托的实力,正是来自"Mall"进化后的品牌升值。如此双向齐头并进,相互赋能和推动。

在红星美凯龙公司年报上,将这一优势进行重点表述:自营商场确保实现公司在战略地点的布局及提供可预测的租金增长。公司大多数自营商场战略性地分布在国内一线城市及选定的二线城市的优质地段,从而具备行业内竞争对手难以复制的区位优势。公司商场的标志性物业设计还能使公司于主要地段的抢眼位置实现品牌宣传。公司自营商场产生的租赁及管理收入为可预测的稳定经常性收入,具有明确的增长前景。由于公司拥有部分商场物业而无须承担物业租赁成本,在市场出现不利波动时能够保持较为稳健的经营性现金流及利润水平,从而使公司具备以优惠条款获得长期融资的能力。公司自营商场的良好运营状况充分体现了公司作为家居装饰及家具商场领先运营商的专业水平和管理能力，对于持续吸引潜在优质商户、拓展和巩固与委托管理商场合作方及地方政府的合作关系起到积极示范作用。

委托管理商场可以有限的资本开支实现快速扩张。凭借具有知名度的品牌、成熟的业务流程及庞大的商户资源，公司采取轻资产战略，以委托管理商场业务模式在三线及其他城市迅速扩展版图。公司在全国范围内快速开张新店及增加市场渗透率的能力，使得公司在许多城市领先竞争对手。除抢占市场布局的战略价值外，委托管理商场业务的盈利模式因提供相关服务的高附加值和稀缺性而呈现高利润率的特点。

另外，红星美凯龙还收取招商佣金以增加营收。关于商场，则采用代建、代装修或代装饰的服务方式。当然，也是基于使用全国统一的内外装修风格，以及出于消防、商场档次和物业安全等综合因素考量。为了以相对小的投入降低成本，并达到掌控商场运管与保持稳健经营的目的。

企业是这般描绘自身的商业优势的：混合扩张模式难以被复制。公司所采取的"自营+委托管理"双轮驱动的混合扩张模式对行业内竞争对手构成了很高的进入壁垒。由于很难在一线及二线城市物色到优势区域位置，公司现有的自营商场版图很难被复制。而公司的委托管理商场经营也受益于知名的"红星美凯龙"品牌、行业领先的产品和服务品质、深厚的行业关系和资源以及充足的人才储备。此外，公司拥有久经考验的管理体系，涵盖选地购地、开发商场、招租和经营商场的整个业务流程。委托管理商场合作方之所以选择与公司合作，是因为公司已开业委托管理商场能够达成业绩目标，并能为合作方创造价值。"轻资产"模式，迎合了合作方盘活资产并持续盈利的愿望，同时拥有了具有升值空间的商业地产的巨大可能。由于该混合扩张的发展模式选择准确、起步较早，公司已建立起一定的先发优势。

2007年，红星美凯龙与合作伙伴订立首份商场管理协议，开设首家委托管理商场。三年后的2010年，公司开业委托管理商场数量达到46家，首次超过33家自营商场。随着多年的自我摸索和市场考验，轻资产模式具备了一定的成熟经验，形成红星美凯龙的自有建设体系。因此，企业在购地自建之外，便更多采用"委托管理"的发展模式。在寻求与握有待开发地块、物业的地产商合作机会的同时，通常就会在地产开发的最初环节便介入其中，然后自行负责设计建店、招商和经营管理。而这种"轻"的模式与策略，贯穿红星地产运营的全过程，公司灵活运用杠杆，通过自持商业的退出机制，将资本转移到效率更高的地方。在品牌不断地加持下，在资金、策略与资源整合等"轻"与"重"的平衡拿捏中，红星美凯龙的商业智慧与创新精神已然达到一个新的高度。

红星美凯龙上市后，轻资产战略进一步升级：继续执行自营与委托管理双轮驱动的发展模式，确保主流城市核心区域的市场占领，并调整优化委托管理模式，加持品牌内生能力，提升品牌价值，提高品牌壁垒，加快推进三四线及其他城市的委托管理业务。截至2019年6月30日，公司经营了84家自营商场，231家委托管理商场，通过战略合作经营12家家居商场，此外，公司以特许经营方式授权开业27家特许经营家居建材项目，共包括386家家居建材店/产业街。红星美凯龙经营的自营商场和委托管理商场，覆盖全国29个省、直辖市、自治区的200个城市，商场总经营面积1997万平方米。

（二）持续创建共生共荣的产业生态

又经过近十年的积累，在完成全产业体系布局之后的红星美凯龙，通过全链条的服务实现自身平台对产业生态的孵化。近五年，公司横向跨越，把设计升至战略高度，提升美学体验，以及从线下网点到线上线下服务的结合，持续加大技术投入，增加智能便利的消费体验，提高客户价值，加宽企业护城河，以技术创新提升企业的产业价值赋能，实施产业链纵深布局，创造更高效率的价值生态网络，而实现从家居产业到居家生活价值生态的迭代。

1. 民族品牌孵化计划

红星美凯龙市场化经营、商场化模式的经营策略背后的底气，来自强大的品牌积累。30多年来，红星美凯龙始终坚守平台的承诺，不仅为中国的家居业培养、扶持了一批跟随企业成长的民族家居品牌，还由此"捆绑"了一批真正经历市场充分竞争成长起来的优秀品牌，使其成为共同壮大源源不断的能量。就是这样一种共生共荣、互惠互利的"战友"关系，让红星美凯龙在成长的征途上无往而不利，在与国际家居零售品牌的竞争中获得最终的胜利。

时至今日，国际家居零售品牌多数已经退出中国市场。分析缘由，在于其统购统销模式与中国家居消费模式的"互相脱节"，更在于他们在中国通过垄断消费终端，截取了利润的大头，将使中国的广大中小厂家沦为加工厂。如此一来，消费者的真正需求与产品的创新和研发难以实现真正的结合，市场化竞争成为一句空话。而红星美凯龙的殊胜之处，在于它选择了一条扶持工业、共生共荣的创新之路：一方面为厂家直销搭建高平台，让厂家快速回款快速周转，并且有较大的利润空间，用于研发、设计，帮助厂家精心设计展厅，更好地树立自己的品牌；另一方面工厂可以直接面对消费者，深入观察消费者，参与零售，及时把握市场需求。

与此同时，红星美凯龙又深度研究市场、致力于市场的提升：早在20世纪80年代，中国家居市场品牌与杂牌鱼龙混杂的时候，红星美凯龙就提出了"像炼油一样，不断把好的提炼出来，把差的淘汰"的经营思想。通过优胜劣汰，不断优化品牌，升级市场，逐步形成了今天的核心竞争力。

而根据市场升级及商场的不断升级，红星美凯龙又提出了"名品进名店"的原则，在各大卖场经营"牌子过硬、质量过硬、服务过硬"的著名品牌产品，强强联手，共生共荣。通过这一举措，2000多个中外知名品牌与"红星美凯龙"这一商业名牌捆绑在一起，获得了"1+2000＞2001"的品牌倍增效应，成为企业商业扩张中一张重要"王牌"。根据中国品牌研究中心的数据，"红星美凯龙"品牌于2016年被认定为国内家居装饰及家具零售行业的第一品牌。截至2017年6月，红星美凯龙已与约1.1万个家居品牌工厂和约4万户家居产品经销商建立了紧密的合作关系。在红星美凯龙卖场的品牌构成中，60%~70%是国内一线品牌，20%是顶级品牌和奢侈品牌，10%~20%是有潜力的大众化品牌。"近年来产业生态孵化所积累的新优势，赋予我们极强的竞争力。在上海、无锡、北京等地，我们毗邻麦德龙、百安居等洋超市，同台竞技，红星美凯龙的市场份额、消费者美誉度等，都比洋超市好。"车建新表示。

如今,在红星美凯龙的供应链生态里,已经拥有超过3000个这样的品牌。其中,孵化与孕育出的皇朝、顾家工艺、芝华士、斯可馨等200多个民族品牌,形成了中国家居领域的民族品牌矩阵。

2. 打造产业价值生态链

为了强化在行业内对家居品牌壁垒的打造,红星美凯龙十分注重自有品牌的建设,在家居全产业链的体系内,构建全新品牌,开辟多品牌协同组合发展之路。红星·欧丽洛雅就是红星美凯龙用三年时间精心打造推出的高端品牌。2015年5月,红星·欧丽洛雅环球家居博览中心至尊Mall在上海吴中路全新启幕。该博览中心国际品牌云集,运用情景展示商品,促使顾客融入其中进行体验式购物。红星·欧丽洛雅品牌定位在时尚、高端人群,经营品类走的是时尚路线。较之于红星美凯龙品牌,装饰与布局上均不同于普通级红星美凯龙商场,且还有很大超越。而且在品牌内涵即管理与营销策划等诸多方面都有明显提升。红星·家倍得是红星系在装饰与设计领域培育的子品牌,该品牌具有9项国家知识产权局授予的实用新型专利作为支撑。红星·家倍得依托红星美凯龙家居购物中心,整合全产业链家居资源,专注于为中高端业主提供从设计、施工到主材、家具、软配、智能家居一站式的定制家装服务。

红星系的多品牌树还包括独树一帜的红星地产,目前已经成为具有成熟商业基因优势的综合性房地产开发商,业务涉及行业全品态。在新业务模式探索中取得了显著业绩的星艺佳成立于2016年,首次将"轻资产"模式成功嫁接入家居服务领域,将目光聚焦新兴城市,以灵活、小体量的"星艺佳家居星生活体验馆"下沉到红星美凯龙无法下沉的城市,填补市场空缺,占领细分市场。截至2019年3月,星艺佳业务遍及24个省市,实现150个签约项目、超过450万平方米签约面积,以及22家开业商场的业绩,成为红星美凯龙品牌矩阵中的重要力量。在2019年红星美凯龙春季大会上,红星美凯龙更是正式向外界公布了包括"红星美凯龙、欧丽洛雅、星艺佳"在内的集团三大品牌战略。在2019年,三大品牌并驾齐驱,全面布局,通过打造多元平台,与产业链各端的品牌、经销商一起,满足更广范围、不同层次的消费需求。

红星美凯龙强大的供应链生态还在源源不断为企业注入创新发展的能量。除了快速成长的星艺佳品牌,"住建集采"项目更是直接将目光聚焦包括政府、企事业单位、房地产开发商、装修公司在内的B端用户,打造住建产业供应链平台,提供更为高效、总价更低、更安全可靠的集成服务,同时以此为核心,拓展出从设计优化、采购规划、品牌营销到终身售后维保的全链服务。并且于全国首创家居绿色服务链,"绿色环保领跑"认证,制定了高于国标、优于欧标的家居行业绿色环保标准。底气与信心来自企业2013年开始着手启动的"绿色家居环保",并于2016年将绿色环保上升到企业战略层面,带领着生态链内的家居品牌同"炼油一样"炼出了200多个绿色领跑品牌。2017年,住建集采完成"第二开发商"批量精装修合同金额2亿元,签约2018—2019年实施的项目合作协议26个,首创"绿色环保正品成品住宅",在全国范围内形成了一定的影响力。

红星美凯龙利用独一无二的平台优势汇聚多渠道资源,一直通过深刻的市场研究和战略创新，推动行业发展变革。红星美凯龙的多品牌战略，形成了独特的品牌文化系统与内涵，为红星集团获得了日益多元化的家居装饰及家具客户群。在核心品牌"红星美凯龙"的有效驱动与助推之下，其他细分品牌及独立品牌已经初步形成了一个在共有品牌文化与价值观基础上的品牌树体系。而品牌方阵的协同效应，持续赋能加持委托管理的价值，成为各个体系运营拓展的活水。2019年7月，由世界品牌实验室（World-Brand Lab）主办的第十六届"世界品牌大会"会上发布的2019年《中国500最具价值品牌》分析报告中，红星美凯龙以792.06亿元的品牌价值，位列中国500最具价值品牌第50名，与工商银行、海尔、腾讯、中国人寿等品牌共同迈入世界级品牌阵营。

（三）探索电商与新零售

2016年5月18日，红星美凯龙集团发布了一条官微，题目是《车建新：不要叫我车总，叫我车车》。这篇"奇文"当时被媒体和业内人士大量转发，一天不到就突破6万。文章题目取自车建新在高层会议的发言，这次高层会议探讨的主题是：如何营造高效平等沟通的工作氛围。"车车"的称号，更像是互联网上的昵称，这是互联网思维的产物。这条其实隐含着潜台词的上市集团的官微，似乎是在向外界传递这样一个比较明确的信息：在互联网及新媒体方面的探索与尝试，红星美凯龙从来没有停止过脚步。

为了顺应互联网时代的到来，车建新不仅让同事们叫他"车车"，还创办了家具零售业的"双十一"——鲁班节，拍了用于网络播出的微电影，又不惜重金请来大咖明星为企业的发布会助阵……总之，他做了很多事情。在成为"互联网的拥护者"之前，车建新并不看好电商。家具和建材的自身特性，决定了该行业很难做到互联网化。尽管近几年电商的份额一直增加，但是有很多产品都是需要线下体验的。虽然如此，红星美凯龙早在2012年就建立了自己的电商平台星易家，但星易家一直战绩平平，没有大的建树。星易家主要以家具销售和定制为主，平台商品单一，并非日常所需。另外，行业的属性，也影响了线上平台的快速发展。

红星美凯龙看准了线上线下的结合才是未来的发展趋势。因此，尽管企业将线下的流量看成行业不可或缺的重中之重，但仍在2016年全面启动"互联网+"战略，在家装互联网、O2O、商业交易和互联网金融四大领域同时发力，与国家大力推行的网络强国战略同频同步。

2016年，中国网民已经高达6.7亿，其中移动互联网约占90%，网络已经深度融入了人们的日常生活。但由于互联网家装市场的独特性，目前尚未出现成熟的市场格局，随着各种资本的进入，"家装互联网平台"的竞争势必越来越激烈。红星美凯龙也只有发挥品牌优势，整合供应链，优化装修解决方案，才有可能力争该细分领域的行业第一。

2017年，红星美凯龙在全国各地开设了19个城市运营中心，负责组织线上线下赋能、协同，初步建立起互联网体制下的条线管理机制。同年，车建新提出"尖货零售"。他认为，真正的新零售不仅要在"怎么卖"上升级，更要在"卖什么"上升级。随着消费升级，人们对于产品的质量要求越来越高，而不再是淘宝发展前十年的"低端价格"为主导。在该年7月，红星美凯龙召开了一次互联网全员会议，车建新对公司进行了架构升级，互联网业务将从原先的一个独立部门运营，变成了全条线运营。在此次会议上，车建新发言强调："从今以后，红星美凯龙不再有线上团队线下团队之分，集团2万多名员工都是互联网员工。"

2018年，基于"高端家装就一站"战略，红星美凯龙开始实施"互联网家装"与新零售业务的深度融合：重点推进设计云和未来店的项目建设，通过家装平台和设计软件，打通行业用户流量，凸显设计美学，实现品质消费。同年，红星美凯龙与腾讯公司建立全面战略合作伙伴关系，共建"IMP平台"赋能4万亿家居行业，以"智慧零售"为共同理念，在建立数字化及差异化消费体验、构筑"数字化"运营体系、营造家居行业数字化新生态等领域开展合作，探索家居零售行业的价值链重塑，以数字化手段助力行业完成新消费与新数字化的升级。

对于传统的家居商业卖场，IMP平台不仅是一个超精准、全场景、一站式智慧营销平台和最大获客平台，更是一个远大于"商场"的"场"——智慧营销流量场，用大数据实现多维度、连续性的超精准连接，连接家居生态内的各种角色、各种场景和各种内容，从而实现为用户提供家装全周期、个性化服务，并以此来制造流量，然后将流量分享给所有的品牌，让整个行业的营销效率提升、运营成本下降。

实践证明，红星美凯龙与腾讯的战略，已经达成了初步的双赢。在2018年的"双十一"中，IMP平台首次"团尖货"大促活动创下家居行业新的里程碑——全国商场成交额突破160亿元，该数据在整个家居行业中独占鳌头。此次"双十一"大促的胜利，标志着红星美凯龙成功地扩展了服务的宽度和深度，在互联网电商与新业态的探索中有了新的收获与发展前景。

2019年5月，红星美凯龙接受阿里巴巴的投资。而且，与阿里巴巴签署了《战略合作协议》，双方将在新零售门店建设、电商平台搭建、物流仓配和安装服务商体系等领域展开深度合作。

目前，在红星美凯龙集团内2万多名员工服务于家居新零售的互联网岗位，管理人员更加深入一线，直接和消费者沟通，了解需求，体察痛点，以便更好地打通线上业务。可以肯定地说，对互联网电商业务、零售新业态的探索与创新，早已成为红星美凯龙赢得未来的重要战略之一。

红星美凯龙的种种举动，充分显现在互联网布局的决心。由于受限于行业特性和其他平台的冲击，红星美凯龙的互联网之路仍然属于"革命尚未成功，同志仍需努力"。但正如车建新董事长所说，本次合作必将被载入家居行业发展史册。两大巨头牵手，一起探索、共建家居产业互联网，共创经营泛家用户全生命周期的新商业模式，意味着新的家居产业生态将被重构。

近几年来，家居行业面临巨大挑战，但红星美凯龙仍保持了快速的增长。与腾讯和阿里巴巴两大巨头的合作，尽管变数不少，挑战不小，但无疑将给高速前进的企业新的生态体注入新活力。

二、匠心根植的文化创新基因

在红星美凯龙，"秉承以提升中国人居家品位为己任，为中国生活设计"，是一句深入人心的口号；"设计是科技，是生产力，设计是灵魂",也成为深入企业每个系统中的因子。不同于传统商业单纯以"价格"作为商品价值的衡量标准,设计,意味着将文化、风格、品位的附加价值导入,让商品更具个性化和多元化,契合不断发展的中产阶层品质消费需求和生活价值。从谋划上市之日,企业的战略升级,既是车建新一贯坚持和追求的提升国人生活质量的使命,更承载了他一直来期待实现的一个梦想。这是一个企业家对中国高质量发展时代来临的必然反应和洞察,更是一直以来对中国经济和中国品牌的深刻忧患。

中国产品的国际贸易量多年居世界前列,但在国际市场上的地位一直不高,在某些领域不仅低端还是劣质和假冒的集中地。在红星美凯龙的家居产品平台上,汇聚了来自中国市场和全球发达市场主要的家具建材及整个产业链条的装饰用品。近二十来年,总体超过上万个品牌跟随红星美凯龙在中国大地南征北战,布满中国大大小小的城市,为几亿中国家庭提供从硬件到软件的家居生活服务。作为全球最大的家居生活用品经营与服务平台,在这个领域,红星美凯龙具有最权威的发言权。中国市场,在市场需求庞大发展迅猛的同时,21世纪第一个十年的竞争也是较为激烈。第二个十年,家具建材平台类的国际巨头,基本退出中国市场,而因改革开放红利快速成长为中国一批领先的卖场品牌,也在这个阶段形成分化。红星美凯龙一骑绝尘,大大领先于同行。对中外品牌的差距和软肋,也包括可以挖掘的优势,车建新洞若观火。

深察社会大势,是优秀企业家必备的素质。以匠心推动创新成为企业的灯塔,"设计"成为企业发展的引擎,不是凭空而来,更不是追赶潮流的营销手段。红星美凯龙秉承追求一流品牌的理念,层层推进文化活动和思想变革,多层次多领域全方位发挥设计的力量,力求践行原创精神。在原有几代模式上,举办设计大赛和鲁班文化节,加大力度推动"爱家日""尖货节"等活动。十年如一日,把原创精神刻进每一名员工的思想意识里,就是期待有朝一日让中国品牌崛起,让中国民族商业傲立在世界经济的高地。

一个民营企业完全靠自身的努力奋斗和思想智慧努力实现经济和社会价值,所以口号深入人心、思想转化为发展的力量,是建立在踏实行动的基石之上。

能够让红星美凯龙不断超越同行成为领先者,又具有勇气、耐心和毅力,坚持创新和登上全球商业的擂台,是企业文化力的打造,更是创始人车建新文化思想的创新,以及不断引领。

(一)文化自觉者

这个世界上,有这么一群人,虽非常传统,恪守父母家训,但总是不断与时俱进。如大海中的蛟龙,似深山里的猛虎。他们动如脱兔,静如处子;他们智慧过人,气度不凡。他们的身上,留存着中国传统文化中最优秀的精神基因。

红星美凯龙认为:中华民族几千年来受到"礼文化,家本位"的熏陶。家,是每个人心灵的港湾、情感的依托,亦是定位"家居生活家"的红星美凯龙立足和发展的根基。所以,"服务家庭,回报社会"成为企业的终极理想和追求;而"用心生活,用心爱家"是企业极力倡导的消费理念。

在红星美凯龙的文化架构里,有三个层次构成组织的文化"金三角"。企业文化、家居文化和家文化,三者互为依托,互为交叉和影响。企业文化贯穿于组织的整个体系，始终不断推动企业自身的健康发展和凝聚力的提升；而家居文化的创建，是作为产业平台必然的使命，是必须始终为整个产业生态的伙伴们提供文化教育建设的赋能和经营创新发展的思想武装；而家文化的创新性开发与传承，既为消费者创造价值，更是一份社会责任和企业利他行远的使命。

　　致力于建立"情境式组织"的车建新，本质上是希望建立如管理大师德鲁克所说的"责任型组织"。所以，红星美凯龙认为：工作的过程就是生命的过程，快乐地工作就是享受生活！于是，企业积极营造员工喜欢的工作环境，让快乐的工作成为生活的一部分，让员工度过有乐趣、有创造、有智慧、有成就的岁月。并创新性提出"公司的员工，就是公司的顾客"的员工顾客观，认为"员工服务于顾客，企业服务于员工"，强调员工的个人成长与企业的快速发展和谐统一，企业对员工的事业负责，对员工的生命负责。企业在不断持续宣讲培育以上文化价值观的同时，也不断大量推出文化教育方面的激励与福利制度，满足和建立员工的认同度，从而形成企业的凝聚力、创造力与整体意识。车建新的内心非常明白，红星美凯龙的发展模式不是集聚在一个或者几个区域，而是分布在各个城市且不断扩张和增加，商业经济价值是依靠分散各地的大多数团队持续经营所创造的，如果没有一定的自律和文化思想的培养，又缺少优质的机制和文化去支持，那么，整个组织的发展将会失去管控，遑论为消费者提供优质的服务和产品？何况红星美凯龙已经成为全球家居商业服务的龙头，也已经形成完整的产业与商业服务生态。大象跳舞，全国联动，又是带动几万紧密性伙伴几十万家门店,能够柔性快速应对和服务市场,不但需要提升技术能量,更需要激励机制的系统支持,和文化思想的统一进化,从而实现组织生态的智慧化管理。

责任组织的文化建设非一朝一夕,红星美凯龙历十多年之功,才有今天的"不管而管,无为之为"。十多年来,企业大量引进文化人才,车建新自己大量地读书,并打造学习性组织,个人还成功出版多部书籍,意在通过一个创始者的文化自觉者的塑造,逐步实现一个组织的文化自觉者的塑造。

(二)爱家者,恒爱人

从打家具、卖家具,到逐步地将"家居"卖场演变为"居家"商业平台,然后又以"提升中国人的居家品位"当作事业使命,逐步把"家"的平台以及相关的生活美学,延展成一个被称为"城市客厅"的大型生活Mall中,沿着"家"这条品牌文化的核心路径,红星美凯龙一直探索,并逐步走出一条独特的道路。

家的灵魂核心是"爱"。在品牌文化的运作过程中,红星美凯龙尽可能多用创新与创意拓宽品牌文化的社会影响力,提升家的审美与情趣,进而深化家的重要主题——爱。

2007年2月15日,红星美凯龙设立了中国"爱家日"。车建新以红星美凯龙创始人的身份宣讲了"创节之初心"——意在呼吁全社会共同努力,一起关心家人健康,关爱家居生活,以缓解陪伴家人时间的不足。

家是行业存在的所有价值与意义之所在。"爱家日"的设立,是作为家居行业领导品牌向公众传递出整个行业的精神价值观与社会责任诉求。这是一项以"爱家"为主题的公益性诉求，企业希望通过一个新节的创立产生积极而正面的社会效应，从而与更多的有所共鸣的企业以及各种社会机构共同努力，促进社会和谐。发起单位还希望以实际行动回报千万个需要帮助的家庭，这是"创节"走得更久远的深层次意涵。

为了配合"爱家日"活动，全国各地的红星美凯龙商场根据所在地的城市特色和风土人情，因地制宜创意了各种品牌文化活动，吸引消费者参与。而且，每届的大主题皆不同，比如2010年，主题是"爱家，马上行动!"强调用行动的力量完成"爱家"情怀的表达。该年，企业邀请的曾子墨、袁岳、张怡筠等著名主持人参与拍摄"爱家"主题宣传片，倾听他们叙述各自的与"家"有关的亲情故事，通过分享帮助他人的爱，唤醒大众隐藏于内心深处的"爱家"的意识，与血浓于水的亲情。很显然，这是红星美凯龙的一场基于品牌文化战略需求的系列活动，但是这项活动恰恰又非常弥合当下社会因为发展过快等多种原因带来的家庭成员情感上的疏离，企业品牌文化的传播，击中了社会文化生活的诉求，因此，反观红星美凯龙创意与提议的"爱家日"系列活动，本质上更偏向于没有利益驱动的公益活动。

2011年，主题改为"用爱行动，刻不容缓"，与当时最流行的新浪微博合作，推出的一款微博APP应用程序，用来精准计算回家次数、陪伴父母时长等涉"爱"内容，旨在传达"爱家"的时间弥足珍贵，鼓励网友经常回家看看。再次运用名人效应，在新浪微博上举办长达一天的"爱家微访谈"，在网络直播，引发网友共鸣。还辅之以爱家宣传TVC、爱家冰雕展等不同活动，多角度、全方位地展示了"爱,经不起等待"这一理念,把"爱家"的重要性,直观易懂地广而告之。这完全是一场以公益诉求为驱动的品牌文化传播运动,构建在"爱家"主题之下,既符合社会需求,能够完成企业的社会责任担当,也能够完美地传播与表达红星美凯龙品牌文化的真正内涵。

爱家宣传TVC在各大卫视进行滚动播放,并在网络上引发主题探讨。该届"爱家日"还开通"爱家航班",以北京、上海作为始发地为航班乘客提供往返机票,来回双飞成都、昆明、西安等多座城市,用公益行为践行"爱家"理念。

2012年,"爱家日"倡导"用时间爱家",一部"爱家日"特别奉献的微电影《时间门》在该年11月20日在网络首发。该片由台湾知名导演陈奕先执导,TVB明星罗嘉良饰演,法国著名摄影师Dylan连同金牌制作班底打造。《时间门》,是中国第一部揭示"用时间爱家"之人生意义的微电影,用超现实的手法讲述了一个紧张、悬疑却又无比温暖的故事。由于内涵深刻、积极正向,该片获得首届微电影大典两项大奖。另外,人文创意视频报告《不在场证明》也在该年推出,由红星美凯龙联合海外顶级导演Rob-Slychuk & Syak及他带领的创作班底为"爱家日"专门打造,以超感性的方式切入爱家主题,激荡人心。

作为中国家居流通业第一品牌,红星美凯龙从"家"这一主题出发,启动了这场声势浩大又坚持不懈的爱家行动,这既是一场捍卫家庭与构筑家庭的重要观念"革命",更是为"家"这个最重要与最关键的"社会单元",注入一股温暖如春的全新正能量。较之于某些也由企业原创并拥有广泛社会影响力的单纯消费让利性节日,"爱家节"显然是站到社会责任的高地,体现出家庭和谐与人文关怀的一项富有社会进步意义的成功策划。"爱家"主题为浮躁的中国社会带来一股温馨暖流,表现了红星美凯龙的社会责任与企业担当。不妨用一系列数字来说明成立"爱家日"所产生的社会价值与现实意义:

十二年前,红星美凯龙启动以创立一个新节日的方式,庆祝品牌创建20周年:2·15中国爱家日。这三个数字在红星美凯龙起家的地区,方言顺念和倒念的谐音是"你爱我,我爱你"。这个紧接2月14日"情人节"之后的日子,由企业通过活动传达着爱与家从来都是不离不弃、相依相伴的理念:不论竹篱茅舍,还是高屋华堂,有爱、有亲情的地方才有家。于此,向入驻厂商和全国人民发出了"关注家庭和谐,关心家人健康,关爱家居生活"的倡议。依托"家"而发展壮大的红星美凯龙,要用自己的行动回报千千万万需要帮助的家庭。在倡议设立"中国爱家日"的当天,红星美凯龙与全国妇联共同启动1000万元的"红星美凯龙爱家捐助金",承诺5年内资助1000户贫困家庭;2008年6月,向宋庆龄基金会慈善捐赠100万元,用于四川灾后学校重建;2010年,红星美凯龙向中国人权发展基金会"和谐家庭"专项基金捐赠1000万元;2011年,红星美凯龙携手共青团中央中国青年创业就业基金会捐赠2500万元,设立红星美凯龙爱家专项基金,用于宣传爱家理念、传播爱家文化;2016年6月27日,红星美凯龙向上海市光彩事业基金捐赠2000万用于扶贫帮困;2017年红星美凯龙捐出1亿元给新疆喀什地区麦盖提县助力当地扶贫脱困事业;捐赠1000万元给中华少年儿童慈善救助基金会,共同助力中国困境儿童成长……

如果把我们的国家与社会视作一个大家庭的话，那么上述这份清单，则是一份很好的"爱家"礼物，它很好地体现了红星美凯龙开设"爱家日"的初心——以实际行动回报千万个需要帮助的家庭——这也是"爱家"的艺术，更是对家的真正溯源。

"爱家"的诉求与宏愿，反映了企业与创始人一脉相承、一以贯之的经营理念和价值观，也体现了从创业之初到荣膺行业桂冠的长达33年来品牌价值打造所结出的成果。品牌价值的迭代与提升，赋予企业更为丰富的文化内涵、更有竞争实力的新动能。企业试图将"小我"品牌大而广之演绎成能真正帮助社会的大品牌，就比如"爱家节"的创办。这既是一种迭代而生的全新的品牌文化运作方式，更是一种不忘初心，积聚正气的行为艺术。

十二年耕耘，爱家文化已成为红星美凯龙的主要品牌文化之一，并真正赋能品牌的内在价值，赢得市场和社会的美誉。爱家者爱人，三十多年的城市化进程，诞生超过6亿城市新移民。今天的中国，物质水平迈向更高质量且追求更高精神品质的中国人，重塑家庭生活是亟须面对的重大课题，也是迈向富强的中国亟须应对的重大挑战。爱家文化，是重塑中国人精神世界的黄金通道。

（三）匠心精神引领文化创新

2013年7月20日，农历六月十三，鲁班诞辰2520周年。为纪念先师鲁班，在业内倡导其"刨以致创"的专注、创新精神，由中国家居行业领导品牌红星美凯龙发起的"我爱鲁班"红星美凯龙·鲁班文化节，在我国代表性卯榫结构建筑——世博中国馆拉开大幕。中国家居行业商业领袖、文化名流、国际巨星等数百位来宾齐聚一堂,缅怀圣祖、论道华夏"木文化"。中国学界泰斗钱文忠教授、中国知名音乐人高晓松以及红星美凯龙集团董事长车建新先生等五位各行巨匠联袂上演现场"跨界脱口秀",分别从说文解字、文化论道等形式向鲁班致敬,解读"刨以致创"之要旨。

当日,红星美凯龙集团"鲁班家居学院"正式成立。庆典尾声,现场所有嘉宾与50名班门弟子遵照春秋礼法,诵颂文、共奉酒、三鞠躬、同食"师傅饭",以中华传统礼仪致敬先师。当日,车建新立足自己对鲁班文化的潜心研究,以及三十年来对鲁班精神的实践传承,首次深入阐述中国"木文化"的概念。由鲁班所开创,讲求动手与创造的墨家自然科学精神,以中国建筑承载中国文化,根植民间几千年,成为中华文明的文化瑰宝。

鲁班被奉为百工之祖,是中国历史上影响深远的传奇人物,也是中国历史上伟大的发明家。据考证,鲁班是中国较早的自然科学家,他在数学、物理学、工程学、天文学、美学、设计学领域都拥有超人的造诣。时至今日,他不仅仅是木匠的祖师,已经成为华夏儿女勤劳智慧的象征。他身上闪烁的刨根溯源、专注专研、一丝不苟、做强技能等精神特质常被后人称为"鲁班精神"。其倡导的人与自然和谐共处,和谐创新理念至今仍是人类向往的终极理想,而这种优秀精神品质对于建设创新型国家的中国具有重大意义。

在"木文化"的概念中,蕴含着人与自然和谐相处理念,也蕴含着普通人通过努力、踏实、专注、坚持、不断创新而赢取未来与成功的精神。专注家居业30余年的车建新,不论从职业渊源还是精神传承上讲,都堪称现代鲁班精神的杰出代表。一如他极力推动的爱家文化和鲁班文化,"鲁班极尽创新之能事,他代表了自强不息的梦,他用他的经历,完美演绎了造梦、追梦、圆梦的过程"。这种创新精神和自强不息的追求,正是今天"中国梦"的核心精神,也正是车建新自身真实的写照。

事实上中国经济腾飞,且与在全球经济密切接轨的过程中,诞生了一批足够优秀的产业工人、科学家和企业家。很多行业涌现了专注创新的优秀企业,很多领域的成功人士都闪烁着当代鲁班精神。而从地方小厂到商界领袖,从独善其身到兼济社会,从产品销售到价值观输出,红星美凯龙的发展就是对鲁班精神的最好诠释。两千年后,作为从产业整合者走向居家生活商业生态创造者的红星美凯龙,依旧秉承这种传统精神,正从历史手中接过新的接力棒,不仅希望对产业辐射专注创新的文化,更追求整体组织生态和商业生态的长远发展,以33年的专注与创新实践家居生活事业的中国梦,引领中国商业走向世界、走向未来。因为,车建新所追求的鲁班精神,正是当下中国品牌重塑的核心要素:在重复中孕育创新,在简单中追求极致,在专注中实现完美。从商业模式创新走向基础创新,是回归商业本质的老命题,更是中国品牌站起来、强起来的新命题。

2015年,习近平总书记在中央经济工作会议的讲话中明确表示,"当前中国从要素驱动发展为主向创新驱动发展转变,加快从经济大国走向经济强国"。在实践中国梦的过程中,只有优秀的企业才能如习总书记所强调的"激活中国传统文化的优秀精神基因",才能把工程师、设计师、科学家的创新与智慧有效整合,通过文化思想对传统的重塑,通过商业生态的激活与培育,才能真正释放创新能量，建立以企业为主导的创新生态系统。

在全国创新浪潮中，红星美凯龙"鲁班文化节"向创新先贤致敬，反思创新文化的举措，将为民族企业传承中国传统文化做出良好的示范。

（四）设计就是生产力

在红星美凯龙的泛家消费服务链中，传统的"家"的概念被升级，强化以家为基础的服务，每个家居日常生活都被精细化对待。这些，都是一个个经过"设计"而独具个性的过程：以家为核心，赋予居住功能以外的个人属性延伸，比如居者的个性、气质、人格、情感等。同时基于设计美学理念，通过对用户大数据的分析，在地理位置、建筑风格、周边环境等匹配度上进行智能推荐。设计就是科技，就是企业发展的原动力，处处体现，成为红星美凯龙匠心的知行、创新的依托。

找知名室内设计师共同设计商场的外立面，是董事长车建新经营摸索过程中的一大创新。红星美凯龙有句口号："把商场当作产品一样精雕细琢"。既然是产品，就要像彩电、手机那样不断地更新换代：以艺术化的商场外立面吸引大众，树立企业品牌文化；以艺术化、未来化的公共商业空间分享，引导消费者与企业品牌的文化共鸣。在红星美凯龙的价值观里，设计不仅是形象、空间和科技的运用，同时也是技艺的锤炼和美学的培养与提升，更是文化思想的转变与提升，尤其是家庭文化、情感的培养与提升。

由此，从第一代大棚式市场，到因地制宜改造租用场地的第二代商场，再到前店后厂的第三代自建商场……一步一个脚印，一代一个跨越，红星美凯龙不断升级，不断增添空间创意，升华商场的建筑、装饰理念和风格：商场扶梯直上直下（不用拐弯、掉头，节省了土地，提高了商场的布局效果），独特的门楼，是红星美凯龙的创新专利；在卖场里引进江南园林，构建绿色生态购物广场，是红星美凯龙首开业内先河。

红星美凯龙第七代"体验购物广场"，开启"情景式"布展方式探索：在商场内推出实景样板房供顾客在购物时参观、参考。消费者可以根据展示的样品为自己的家借鉴模拟，卖场为顾客提供菜单式组合装修方案，以实际行动提升消费者的居家审美和品位。第八代门店，推出目前世界上最顶尖高科技结晶的"未来居家""森林公园"、室内轻轨、从一楼直达五楼的世界商场最长的自动扶梯，为行业进步、空间形式创新和文化形态创新，做出积极的探索和尝试。第九代商场，构建全球首个艺术主题的智能化家居购物中心，由世界著名建筑大师保罗·安德鲁设计，"蜂巢"外观，寓意自然生态。商场引入具有导购和娱乐功能的机器人，引进空间艺术化理念，建设高标准的"爱巢"多功能剧场，打造家居舞台剧《生活变变变》，开创了商贸、科技、艺术复合体新模式。

从2005年始，红星美凯龙深度研究中国消费市场。他们意识到，随着当代人消费意识的觉醒与消费品质的提高，消费者对高质量、好产品的需求将极大影响中国商业零售业。于是，催生了红星设计大赛、艺术设计展和鲁班设计尖货节等活动。

其中催生的鲁班指数的概念，主要是围绕用户选购家具时最为关注的外观、材质、工艺、功能、内涵等五个方向，从"美颜、良材、精工、科技、格调"等五个维度，评判家具产品的匠心与创新。只要在任何一个维度上做到极致，都可以称为设计尖货。多年来，中国家具业已成为米兰展的常客。不断学习和进步，也是红星美凯龙推出尖货零售的底气所在。

2011年9月，红星美凯龙与中国创新设计红星奖共同发起红星梦工厂计划，从产业链源头上保护版权原创设计的同时，促进设计与市场对接，推动行业创新升级。2012年开始，红星美凯龙连续七年携中国原创力量参加米兰国际家居展，作为文化大使成功搭建起中外文化交流的桥梁与平台，为中国在世界赢得文化和品牌上的尊重。

与电商平台的各种全球购不同，红星美凯龙一方面从国际市场带来精品，另一方面也推动中国本土市场产生越来越多的设计尖货，并同步打造设计平台，包括置业设计、装修和空间设计、家居产品设计、软装设计等。仅2016年，红星美凯龙就先后在米兰、上海、北京等地举办了四场艺术设计主题的大型展览，成为国内首个打破企业仅作为艺术旁观者和赞助人、而绝少投身艺术领域本身惯例的家居商业品牌。

"设计将成为全新的生产力和生产方式"，红星美凯龙认为，其贯穿整个产业链条，连接并激活泛家居行业的创新基因，使其不断茁壮丰满。深耕家居业30多年的车建新提出两个目标：把商场空间打造成情景化、艺术化的空间，引进设计尖货。其真正的目标是重塑中国品牌。在尖货设计上，更是要求"依靠自身渠道的强势影响力，倒逼行业上游，拿出真本事来面对国内消费者，生产出更多本土原创的设计尖货。"对红星美凯龙来说，不遗余力全面提升产品和服务水平、为中国消费者提供中国好货体验、中国好货使用，以此提升中国品牌在全球的地位和尊严是未来发展的真正使命。

"这是一场中国人的美学革命。"极力追求创新的车建新深知，创意设计根底的深处，是美学修养和文化思想的积淀。这对走向民族富强和文化复兴的中国，是一条必经之路。

三、资本化战略

红星美凯龙的资本化运作，具有深厚的历史，最早从拿土地自建商场开始。1993年，车建新开始租赁厂房经营家具市场；1994年，为了解决租赁场地问题而开始买地自建商场。从此，自主拿地、自主运营成为红星美凯龙的主要经营战略。到了2000年初，许多境外家居连锁卖场仍以租赁场地为主，错过了后来中国地产蓬勃发展带来的房产增值红利，最终被红星美凯龙远远甩在了身后。

关于拿地与资本运作，有个经典的创新案例值得回顾与解读，从中可以揭示红星美凯龙快速发展的某些关键性要素。那是1996年，车建新与南京7425工厂的负责人去市郊的村里吃饭。席间听到了一起三方债务：工厂欠村里1700万元土地款，村里欠银行2700万元。银行去追债，发现工厂的实力比村里强，决定把贷款转办给厂里。也就是厂里要将这1700万元直接还给银行，而且不需要现在还。先签了三方债务转让协议，6年里厂里只需要付利息，不用还本金。前三年还不用付利息，4—6年每年支付3%的利息。银行的算法是，借出一笔款推动工厂还清债务，银行收回前期贷款后，用六年时间收回新贷款。但是，工厂不敢接受此方案。

车建新听闻此事后，感觉真是"天上掉下个林妹妹"，回家后晚上兴奋得一夜没睡。第二天晚上仍然睡不着。到了第三个晚上，他想到了一个化解方案：签一份四方协议。因为红星集团要付工厂租金，一年要付800多万元，那么租金可以晚付，这1700万元的债务由红星来承担。经过这样的债务四方协议转让，红星相当于获得一笔低息的长期贷款。

第三天，他就去找工厂商谈。但工厂不同意，银行却同意此方案。银行方面不相信工厂，觉得村里更可靠。接触了红星美凯龙后，银行感觉企业更可靠。

做通了银行的环节，车建新便去找村支书。刚开始村支书并不支持，后来表示同情。到了1997年，村书记终于同意了，可工厂方面还是不同意，足足拖了一个多月时间。厂长工作做通了，财务总监却不同意，工作做不通。后来，厂长终于拍板了，同意债务转让。为此，工厂少付1700万元。

借到了1700万元，企业马上盖了两栋房子。这两栋房子，又抵押给银行，贷出了2000万元。虽然，车建新本人并不懂财务，但是面对现实状况，敢想敢做，大胆创新的思路，并达成多方共好的局面。可以说，这是一场堪称教科书级的经典资本运作案例。

独特的金融思维、资本的杠杆、品牌和资源的整合，由此开启了红星美凯龙"商业+地产"的模式之路。迈入21世纪的红星美凯龙，不单纯满足资本和资源层面的合作，逐步将此思路运用到长期合作的家具建材商身上，并逐渐形成平台思维以赋能更多的合作企业。由此，延展平台思维，扩大平台生态，再通过合作和并购的方式完成产业链的延伸，在大家居大消费全链条融合发展的背景下,在渠道、技术和平台的驱动下,逐步迈向千亿级的企业。

事实上,委托管理模式也是红星美凯龙资本化道路上的另一种实践。"轻资产"战略使红星美凯龙与委托管理商场合作方实现双赢。该模式使公司在资本投入相对较低的情况下快速实现营业收入,并提升了投资回报率、扩大地域覆盖面、提高市场份额和品牌知名度,也为委托管理商场合作方带来稳定的租金收入。红星美凯龙委托管理商场业务2014—2017年营业收入分别为28.73亿元、32.28亿元、27.82亿元以及36.29亿元,可谓一路走红。

2015年,红星美凯龙在香港港联所成功IPO,合计融资70.06亿港元;2018年元月又实现A股上市,募资30.5亿元。这两次上市,是红星美凯龙资本化战略中的高潮部分。通过募集资金,进一步扩大门店覆盖规模,夯实行业龙头地位。反过来,得益于营业收入的快速增长,企业的现金流异常强劲,加快对成长性好的企业进行战略投资,推动新的产业布局。由此,上市后的红星美凯龙聚焦大家居产业,在家居产业链的相关环节,围绕"全渠道泛家居业务平台服务商"的战略定位,以"家"为核心,通过投资与兼并的方式,进行业务上下游跨界延伸,打造泛家居业的商业生命共同体。

2016年8月29日,红星美凯龙与国内知名商业地产基金管理机构高和资本在上海正式对外宣布,共同发起设立国内首支家居商业地产并购基金。双方作为该基金的联合GP(普通合伙人,即管理人),资金规模为50亿元(将根据需要随时扩募),前期将以红星美凯龙在一、二线城市的委托管理商场为主要资产标的。这次合作中，红星美凯龙负责寻找优质资产标的，并进行运营管理。高和资本负责基金的结构搭建、资金募集、资产管理和退出机制设计等，充分发挥各自的优势。2017年9月，红星美凯龙又与高和资本联合对外宣布，发行国内首个家居行业"类REITs"计划——"畅星-高和红星家居商场资产支持专项计划"，并在上交所挂牌交易。该"类REITs"将天津的两间红星美凯龙家居商场证券化，红星美凯龙仍将继续向商场提供管理服务。此计划仅面向机构投资者，总规模为26.5亿元。其中优先级合计为18.0亿元，由银行、公募基金等机构参与认购；权益级证券合计为8.5亿，由高和资本发起的私募基金认购。

据悉，目前在中国证券投资基金业协会备案的"类REITs"超过400亿元，且吸引了私募基金等专业机构对权益级或次级档的投资。权益型"类REITs"在上述几个方面的实践和摸索将是迈向中国公募"类REITs"的关键过渡。红星美凯龙在全国有大量的自营商场，主要分布在一、二线城市，经营管理的家居商场的储备量是行业内遥遥领先的，这些优质资产一旦走上证券化之路，将会使投资人对红星美凯龙的资产价值与公司价值有新的认识。

全屋的智能控制，是整个智能家居的入口。2018年3月，红星美凯龙战略投资威法家居（威法是一家源自丹麦的定制家居企业，主攻高端定制细分领域）。一个月后，又战略投资莱茵艾格衣柜，其目的之一，就是加快新开商场的速度。定制家居市场足够大，莱茵艾格公司不仅可以很好地借助红星美凯龙平台的力量，关键是要借此激发自己的内在力量，最终在区域上形成绝对优势。莱茵艾格已初具大品牌基因，作为定制家居具有很好成长性。这是红星美凯龙看好该品牌的原因。这些投资也都体现了红星美凯龙的战略诉求。

2018年2月，阿里巴巴以及关联投资方以54.53亿元人民币入股居然之家，并持有其15%的股份。在阿里巴巴的带动下，红杉资本、九鼎投资、博裕资本等16家投资机构也共同向居然之家进行联合投资，投资金额高达130亿元。居然之家希望跨界合作，将所有商品从生产直至送货安装这一条流程全部打通，建立起云数据库。阿里巴巴新零售计划进入家居商业零售领域，引起业内巨大反响。而同时，红星美凯龙已经展开互联网领域的资本化战略布局，领投互联网云设计平台三维家。到2018年底，该平台已经完成3亿元B轮融资。这是继3月份3D云设计平台酷家乐完成1亿美金D轮融资之后，新技术领域再度曝出的一笔新融资。

为加快对线上线下融合的探索，2018年9月，红星美凯龙联手腾讯推出了IMP全球家居智慧营销平台。到2019年5月，红星美凯龙家居股份有限公司（上市企业）在公布2018年财务报告之后，以43.59亿元的价格发行的可转换债券接受阿里巴巴集团的投资。公告称，如可交换债转股后，阿里巴巴将持有红星美凯龙总股本10%的股份，与此同时，阿里巴巴还在港股收购红美凯龙3.7%股份。而且与阿里巴巴签署了《战略合作协议》，双方将在新零售门店建设、电商平台搭建、物流仓配和安装服务商体系等领域展开深度合作。

今天的红星美凯龙，已经从一个传统的商业运营企业升级为一个品牌、资产和资本等多维度运营的生态化企业。一方面，通过品牌发展运营的效应和物业的经营管理赚取经营收益，还通过金融化和证券化获取了快速变现的能力，使公司可以兼顾高的股本收益率和较高的资产流动性。因此，企业希望自营物业依靠"类REITs"变现，回收资金后可更快更多投资于新物业，通过与并购基金的协同，实现滚动开发和针对性并购。另一方面，在保持稳健经营发展的同时控制负债率，并提高资本市场的融资能力，适度融资保证持续扩张的能力。以提升作为家居品牌、商场品牌和商业资产孵化器的战略能力，最终形成从建造到运营，从并购到退出的完整的轻重协同交融的生态闭环。

四、人才战略与组织变革

和众多优秀企业一样，红星美凯龙始终坚持"以人为本""人皆宝藏"的原则，把人放在至关重要的位置。所以，企业强调"最大的实力是人"，追求"发挥每一个人的潜能，允许犯错，让有能力、有贡献的人先富起来的"人才理念。激发潜能成为红星美凯龙一直以来的修炼课程，创建学习型组织的背后，是统一企业思想，凝聚企业意志。这也是企业一直追求和强调的鲁班精神，意在发挥企业所有人强大的主观能动性和统一性。庞大的企业生态，和平台化发展的趋势，促使车建新在完成全国布局的时候，就将人才战略升格为企业核心战略，同时启动组织战略，成为中国最早建设组织生态的少数公司之一。

（一）再造新青年，孵化"新"动力

2004年，红星美凯龙进入新一轮发展期。当时，充满激情的

企业和创始人却与众多快速发展的传统企业一样，遭遇大学生招聘的困难。总结三年的教训，车建新要求企业团队对中国大学生学习、实训和择业进行研究，在2007年发起针对应届毕业生的"星动力"人才储备培训计划。有一些刚刚进红星美凯龙的大学生知道自己将要经过一个非常严格的三年学徒式培训，而且要把这家公司推崇的创新、刨根溯源、专注、一丝不苟"鲁班精神"植入到自己的血液里时，他们很难把之前看到的那个充满现代感的企业光环和公司联系在一起。

车建新在推动这个项目时，正值公司扩张的高峰期，那时所有的注意力都集中在业务上，没有多少人会意识到这种最古老的类似于木匠收学徒的方式会给公司带来多大的变化。却不料，在2007年到2011年五年间招聘的1200多名大学生里，晋升到经理级以上的就近百人，他们在区域市场的开拓上已经可以扛起大任，直至今日，绝大多数人已经独当一面，成为中坚骨干力量。

车建新是木匠出身，于是在很多的商业报道里，红星美凯龙都被贴上了非常强烈的创始人标签。他在总结自己和红星美凯龙的成功之道时经常说："我做事的诀窍就是比别人做得好一点，追求更完美，更精致。从而培养了自己的自信，积累了成就感。要把每个细节做好，刚开始可能要比别人多花30%甚至一倍的精力，但后来就可以事半功倍。"

红星美凯龙注重工匠精神，无论从引领行业商业模式的变迁，还是提升行业创新方面，都推崇鲁班精神。而鲁班所代表的务实精神，真的改变了这家公司。车建新把当下的这个时代称为"专家时代"，他曾经发表过一篇名为《树木剪枝的启示》的文章。大意就是说一棵树要长好,是必须进行剪枝的,把不必要的枝条剪去,树才会照你所希望的方向发展。人才的形成同样如此,只有在一个领域成为专家之后,才可以腾出空间去孕育新的创造力。所以,红星美凯龙的各个部门都在培养专家,这在企业被认为是非常重要的事情。

从某种角度上讲,这种逻辑跟一直以来大学所提倡的"全才教育"并不那么契合。因此,在大学生刚刚进入红星美凯龙时,他们会发现在这里需要学习的东西实在太多。车建新说,现在的这个团队是"打仗打出来的",总部给予区域公司非常大的权限,而且在快速扩张期,为了迅速地复制运营和管理流程,公司在内部推行了"学习型企业"文化,鼓励员工们一边工作一边学习。这让很多立志成为专才的员工有了很强的主动性,因为他们能清楚地看到自己的发展轨迹。

于是,虽然商场不断扩张,并遍布全国各大中城市,但这家公司的人才结构一直很合理。"传帮带"是他们很重要的学习方法,培养一个商场总经理要5年到6年,但红星美凯龙80%的商场总经理都是从内部提拔上来的。

车建新说,"一个人只要专注做好一件事,就一定能成大事;一个公司这样的人多了就一定能兴旺发达;家居行业这样的企业多了,想不好都难。"

他认为这是一个行业的根本,鲁班所代表的追根溯源、专注专研、一丝不苟、做强技能等精神特质,非常适用于这个重视动脑多过用手的时代。

在百年之前的1915年,陈独秀在其主编的《新青年》杂志上刊登文章，提倡"德先生"（民主）和"赛先生"（科学），继而引发了一群由受过西方教育的知识分子发起的一场新文化运动，民主与科学这两面旗帜的确立，使中国许多方面都发生翻天覆地的变化。

以"星动力"计划为基础，是十年前红星美凯龙发起的一场声势浩大且影响深远的"新青年运动"，其核心要义，已经融入了红星文化，也高屋建瓴地提倡"心年轻，新青年"六个字，展开表达，最关键的思想就是"要相信年轻人，要重用年轻人"。同时教导年轻人要"善于找事物的本质、规律、联系，即不光要知其然，更要知其所以然。而且作为红星系的"新青年"，"要有强烈的好奇心、求知欲和上进心，善于请教，善于交流、交锋、交融"……

红星美凯龙将为中国新时代的"新青年"定位，并将其作为红星文化的重要板块，可见该企业对青年人才的高度重视，对青年成才的无限渴望。对于"新青年人力资源"的关注与培育，起源于红星创始人车建新对于当代人才的独特理解与发掘、培育人才的高效行动力。关于人才问题，车建新有句著名的论调，即"人人都能成功，关键是如何开发潜能。"这是一句非常有见地的人才观，青年人才的潜能开发由此也被该企业作为一项重要课题，正如该集团执行总裁谢坚所说："不是如何管理人才，而是如何经营人才。""经营"二字道出了"开发潜能"已成为该企业的日常职能。红星美凯龙之所以能够迅猛前行，发展成为中国家居行业第一品牌，与车建新的人才观与企业善于"经营人才"有很大关系。在红星美凯龙的价值观中，人是企业最大的实力。

红星美凯龙的"新青年运动"，是由集团高管顶层设计，各商业板块"本土化"执行的一场青年人才培育计划,也可以理解成是红星美凯龙集团内部的"动态黄埔军校"。每个业务机构与单位往往从自身人才培育的方向与工作的实践需求出发,创新性地提出自己的"新青年计划"。

根据"新青年运动"构想与布局,集团管理学院从高级管理人才培养角度推出了"创新管理高级研修计划",通过精品小班制教学模式,把资深小区总经理与招商总经理,以全年两期集训的方式,配合线下实际演练及复盘检验,同时携手大区分院,增进跨区域交流、优势互补。

高管进课堂,职业导师传帮带。通过文化氛围的导入,跨地域文化体验模块的研究,促使青年管理人员在"战争"中学习"战争",注重结果转化,以业绩产出为项目设计的目标。

从整个集团公司层面，则经过最为严格的面试筛选，选拔了精英计划年度新青年50多人，进入"精英计划"培养阵营——这是一个高质素、高成长、高业绩的群体，86%为本科以上学历，30%为硕士学历。这个群体中，至少有一半人可以得到晋升，2017年在红星美凯龙新开的30家商场中，14家由精英计划学员主持筹备，他们名副其实地成为集团公司的栋梁和支柱。

中坚力量的培训，也是"新青年运动"的重中之重。中坚力量训练营，主要针对业务部长、经理、主管级中层管理人员。该训练营已经累计举办二十多场培训，覆盖四大区、物管、财管、异业互动事业部等多条区域线，受训业务骨干新青年将近1500人，训练主题涉及"公众演讲技巧、360度沟通与协作、情绪管理与职业压力处理"等诸多方面。

红星美凯龙各省营发中心自行拟创的"新青年运动"也在如火如荼地推进。不同营发中心根据不同的区域特色，以及文化氛围与实际需求，围绕着集团的总体思路，可以根据自身需求设计"新青年计划"。比如京沪西的营发中心，通过营发中心总经办及人力资源部门同时向三大中心发出号召，发起京沪西三大营发中心联动的"新青年·速度与激情"骑行活动，通过骑行动力与激情激励组织整体，以青春向上的奋斗精神形成良好的氛围。培养新青年梯队，除了健康的体魄，更需要专业内涵。这三大营发中心还将新青年打造成家居生活专家，并进行全面培训，打造全面精通业务的六维职能方向（招商、运营、企划等）的专家型"新青年"。

华中、华南各省的营发中心，根据自身需要，着力点放在

"金牌店长打造"上，开展金牌店长认证培训，将红星新青年的形象和精神注入最前端的产品销售者心中，在提升商场品牌形象的同时更助力销售人员的业绩提升。在华南，还开办新生代员工读书分享会，传输红星经典文化，同时参与"绿色爱家"保护母亲河生态公益项目，将绿色环保的品牌理念与青年文明创建有机结合。中原区域则推出"春秋讲堂"，鼓励员工自主学习；在冀北，重视团队打造，用拓展训练展现斗志昂扬的新青年风貌；在湖北，则自创孔明学堂，烘托区域学习创新、争创业绩的新青年蓬勃氛围；在华东，把"新青年12371工程"作为年度重点人才培养项目。

安徽省营发中心的策略与运作方式，是选择合肥政务商场的主力军80后、90后喜闻乐见的方式，借鉴综艺节目的"一站到底""最强大脑"等趣味环节，让年轻的管理者得以自我提升、自我发展。

江苏省营发中心则在无锡展开"敢变·新青年"为主题的演讲比赛；山东省营发中心下辖的青岛城阳商场，则倡导充分利用红星美凯龙网络学院资源，开展"午休充电半小时"系列碎片式学习活动；辽宁省营发中心在沈阳的沈北欧丽洛雅商场，组织团队骨干青年参加"新青年·我是品类代言人"活动的比拼；沈阳浑南商场则联合"58同城"，在商场内举办首届"勇往职前"职场真人秀暨现场招聘会，参与企业160余家，求职者650余人，为商场带来8000人次人气活动及品牌传播，在行业及浑南新区劳动局引起广泛好评。而山东省营发中心下辖的寿光商场，根据自身情况，打造以80后、90后青年员工为主体的星光计划梯队，并开展"寿光心、红星绿"绿色环保大型公益绿色活动，发动300余名志愿者参与寿光低碳骑行……

鲁班家居学院将进一步深化行业人才培养的广度和深度，提升公司在行业中的纵深影响力，并助力整个业界综合经营管理能力提升。对"新青年"的精英业绩和精神气质进行全国范围的学习和推广。

在长期的用人研究与实践中，车建新不知不觉地把自己培养成了一名优秀的人力资源专家。用中国传统的说法，他其实就是一位非常好的伯乐。这源自他非常喜欢研究人事，无论研究自己，还是研究他人，都能够让他感觉其乐无穷。他还十分乐衷于阅读人力资源方面的书籍，甚至首创了"电灯与电网"等人力资源管理方面的理论与具体操作方式。也正因为在这个领域取得了成果，早在2002年，这位当年未读完初中的HR专家，被国家人事部下属的中国人事科学研究院人事与人才研究所聘为客座研究员，后来又被中国人民大学工商管理研修中心聘为客座教授，行知合一地践行自己的名言——人人都能成功，关键是如何开发潜能。

红星美凯龙如火如荼的"新青年运动"，其根源主要还是来自车建新本人对学习价值的清晰认知与孜孜以求。21世纪初，他在维也纳"国际组织学习协会第二届全球论坛"上，做了一个引发与会专家学者强烈反响的专题演讲，题目就叫《学习给了我新生命》。在演讲中他表示，正是通过学习，他这个农村小木匠拥有了一个全新人生。所以他非常喜欢企业员工也能和自己一样，认识学习的价值，积极学习，热爱学习，不断学习，这是一个人获得新生命的唯一途径，也是企业长盛不衰的必要保证。尤其在"知识经济"时代，技能、产品的更新换代日新月异，只有学习才可延长人生的"景气周期"。所以，当有人问及车建新的成功经验时，他的回答是"创建学习型企业"。

"新青年运动"，一场来自"学习型企业"的有组织、有规划以及完全符合集团人才战略储备与发展的"学习与提升"运动，其对企业的意义与影响深远。归根结底，人是商业模式能够成功的核心，是企业最为重要的核心竞争力与财富。所有学习的终极目的，是为了人的成长。而人的成长导致企业的成长与成功，最终将带来国家的进步与繁荣。人的价值塑造，最终都将在国家价值与战略层面得以体现。

（二）人才匠心，生生不息

在红星美凯龙的文化纲领中，企业的命运与社会责任紧紧联系在一起，企业的价值关键在于对社会的贡献有多大，而人才便是企业价值的支撑。

董事长车建新曾对外分享快速成长的心得：30多年的进步，得益于红星美凯龙大力创建学习型企业，以团队学习提升全员的文化素养、工作能力，促进公司的管理创新；得益于"一丝不苟，视信誉为生命；勤奋务实，视今天为落后"的企业精神；得益于"帮理不帮亲，对事不对人""做好千万件小事必能做大事""以提高经营管理水平为第一财富""与比自己素质高的人交友"的红星文化；得益于注重战略、注重设计的经营理念——设计就是科技。企业长期致力于建设"学习型团队、互补型团队、创新型团队、灵感型团队"，从让员工就业，到和员工一起创业。在"员工是品牌，红星美凯龙才是品牌；只有让员工先成功，红星美凯龙才能成功"的理念下，锻炼、培养了一大批人才。

目前，红星美凯龙拥有23000多名员工，且80%的员工都有营运指标。可以说，在这个庞大的平台里，每个人都是活跃的分子，生生不息。企业的人力资源政策紧紧围绕公司战略，推进落实以省为单位的经营发展业务一体化的战略步骤，实现公司全国资源的统筹，确保各项业务工作顺利衔接，并在系统优化、绩效管理、人才发展、业务支持、人事运营及员工关系等方面提供较为强大的支持。

红星美凯龙不仅有党委、工会，还成立了公司敬老委员会、健康长寿委员会、关心下一代教育委员会和公司家政服务中心。创始人车建新把员工视为顾客，视为兄弟姐妹，当作公司最宝贵的财富。在他看来，员工在企业平台里成长，同样促成了企业的成长。一个好的企业，必须能有巨大的能量留住优秀的人才。其实，红星美凯龙一直不吝于对员工进行投入。公司以服务好员工为己任，每年安排员工去不同的地方考察、学习，开阔视野，也会以多种激励方式鼓励员工进修学习；每年帮助员工及其家庭做实事、做好事上万件；为骨干员工家庭雇用保姆等。美育员工，也已经成为企业的一项重大工程。

2008年，红星管理学院成立，专门培养商场营运管理方面的人才。2013年，在首届鲁班文化节举办同时，企业携手北京大学、清华大学、中欧商学院、上海复旦大学等中国八大商学院，成立了面向行业培养人才的鲁班家居学院。致力于搭建中国家居产业首个互通有无、资源共享的智力平台。学院希望通过人才培养、资源共享及梦想孵化三大体系，为家居产业提供从终端的职业教育到企业家个人成长的全周期培养；通过红星美凯龙多年来积累的行业及社会影响力，整合产学研投各方资源，为产业提供更具价值的服务与帮助；为产业搭建共创生态圈，带领家居业领袖们二次创业，同时也致力于扶持创新性的项目，为产业创造更大价值。

2018年，鲁班家居学院升级迭代为中国鲁班大学，致力于为中国家居产业创建共融生态圈。升级后的鲁班大学将"领袖四为"作为学院的价值观：关注经济全球化进程、一带一路，以及新科技对经济和产业带来的冲击；关注企业家内驱力提升，传承企业家精神，沉淀企业家智慧；关注产业发展趋势，解决企业痛点；为新经济开太平，推动家居产业的可持续发展。2018年9月，红星美凯龙在"教师节"这一日，正式对外发布"星创家"项目，聚焦远景、产业、未来组织和资本四大核心，聚合大家居产业领军人物，共学共创，探寻跨界创新发展新路径，打造家居产业生态圈，最终实现产业的健康与可持续发展。

"中国最好的那些大学IBM，都有我企业的员工"，这成为车建新最自豪的成就。"人人都能成功，关键是如何开发潜能"，长期的用人研究和实践，使他成为人力资源专家。他书不离身，笔不离手，写下了10多万字关于人力资源开发管理的理论著述。他在国内首创的"电灯与电网""八小时以外的管理"等许多人才潜能开发理论和具体做法，对创新人才开发理论、推广现代人才开发理论都有着积极的实践意义。

红星美凯龙倡导"心年轻·新青年"精神，努力打造更有创新意识、更加有活力的管理团队,构架更为"年轻态"的组织形式。人才发展工作更加关注业务,关注一线:成立了"新业务助推小组",搭建新业务管理团队和核心专业人才队伍,整合集团资源帮助新业务,助力新业务成长。企业的"精英计划"项目,更是通过人才盘点、定期集训、岗位实战、晋升评估等一系列工作,为实现集团战略目标储备关键人才。因此,公司多次荣获"CCFA员工最喜爱的企业""年度最佳雇主""中国最佳企业大学"等荣誉称号。

学习使得红星美凯龙的企业文化真正落地深化,成为企业的全员文化;学习也使得红星美凯龙的企业文化成为富有创新力的文化,并成为企业永续创新的最强大动力。而"学习型组织"成为红星美凯龙最有力的管理工具。

为保证设计的思想文化能够贯穿企业整个体系,人才战略也成为红星美凯龙的另一条战线,与企业品牌文化联动融合,围绕匠心就是创新的企业思想,推动着企业带领整个产业生态的上万个品牌,为中国高质量生活的创造而不懈努力。

"美好"生态经济体

万丈高楼平地起,垒土之功不可没。红星美凯龙庞大的"美好"经济生态,绝非偶然,更绝非一日之功。

红星美凯龙深具家国情怀与创业梦想,它们试图"打造中华民族的世界商业品牌",把爱国之情、报国之志与企业使命一起融入国家民族复兴的伟大事业中,红星美凯龙开拓进取的改革精神与奋斗精神,就是以爱国主义为核心的民族精神,是以改革创新为核心的时代精神的最好写照。

如习近平总书记所言,"实现中国梦,必须走中国道路,必须弘扬中国精神,必须凝聚中国力量。"回馈时代,报效祖国,是成功企业的标志,也是企业义不容辞的社会责任担当。

伟大时代呼唤伟大精神,崇高事业需要榜样的引领。做新时代的奋斗者,在迈向高质量发展的征程中,大力弘扬工匠精神、创新精神,用坚持不懈的奋斗,书写红星美凯龙在新的历史时期的新篇章,使红星美凯龙的伟大信念和美好理想,在更为广阔的世界舞台上得以实现。

人世间最贵的

莫过于时间

时间里最贵的

莫过于爱之情

而唯一可以

超越爱情

和打败时间的

莫过于

光明的思想

第四章
一个富二代

- 老思想的新力量
- 回归大道

中国经历了漫长的农耕文明，士农工商，重本抑末，商人者，历来居于社会阶层的末流。直至近代以降，中国出现了独立的商人阶层。并且基于那段半殖民地半封建的独特历史，中国的商人携带民族资本主义基因粉墨登场，推动公办和私营经济的快速壮大而成为闪亮星光，却又随着频繁战乱，以及新中国成立后大规模的全新改造，整个群体在中国公有制的探索中又大规模消失。

中国共产党人顺应时代洪流，本着为人民谋幸福的根本使命，又一次开创全新的变革道路。以经济建设为中心的改革开放，从无到有，经穷而富，构建了中国特色的社会主义市场经济。跟随国家的大发展，催生了商人和企业家阶层，包括一批批因家庭作坊制造而起的私营企业主。如今，中国民营企业已经占中国经济总量的60%，私营企业超过2000万户，个体工商户超过5500万户，民企从业人员超过3亿人，诞生了大量的富裕家庭和阶层，商人的社会地位日渐提高，并逐渐成为中国社会的主流群体之一。21世纪以来，大量成功的民营企业主，成为各级人大代表和政协委员，尤其是主流企业家的参政议政，成为中国社会成功的榜样并转受追捧。而最早创业的50后、60后的子女们也逐渐开始步入社会，得益于父辈的光环和地位，成为中国社会流行的"富二代"。但良莠不齐的两代人，随着时代的进步，开始分化。

家业传承的忧患意识，始终困扰着最早创业而积累财富的50后和60后，尤其是带有农民草莽基因和个人英雄主义色彩的私营企业主们：既有始终保持优良品行的父辈，却疏于管教而因放任自我未能继承良好品行给父辈抹黑的富二代，也有自身逐渐变质或衰落而影响孩子的富有商人；也有始终与上代保持一致，传承良好品行和事业的后辈，或者走出自我发展道路的独立富二代。中国社会和经济经过几十年的大发展，大量因粗暴成长和急于追求成功所积压、遗留的问题在近几年爆发，因急功近利带来人性变异所出现的丑恶事件不断发生。大量富二代身上所发生的事件，让社会对经济富有家庭的认知发生了重要变化。"富二代"，已经从一个受人仰慕的符号，成为贬褒不一、含义复杂的代名词。正是由于经济和社会急速发展的巨大反作用产生深重积弊，才有2012年"十八大"习近平主席提出中国需要服务人民、服务社会的价值观。这基于中国现实而振聋发聩的声音，既是使命要求，更是警世恒言。

时至今日，对企业家来说，家业传承固然重要，但上下代之间，历史所形成的思想教育、德行培养和家族文化建设鸿沟，非一朝一夕之功。更何况历史无法重来，中国企业家精神传承，商业伦理的再造与重塑，社会关系和市场法治的重建，也需要时间的沉淀。尤其是企业传承的创新与探索，呼应着新时代的新使命和新要求，才是新的考验命题。

已经发生的，不过是基业长青的序章。

一、老思想的新力量

2018年1月17日上午9点30分，随着上海证券交易所的一声锣声，中国家居零售巨头红星美凯龙家居集团股份有限公司成功登陆A股市场，成为中国家居零售行业A+H第一股，这也意味着红星美凯龙进入了新的历史阶段。

在随后举行的"美好生活，凯越龙腾"红星美凯龙A股上市盛典中，创始人车建新登台亮相，激情澎湃地发表了颇为"石破天惊"的演说，回忆创业历程，谈及家世家风以及个人梦想。他上台后的第一句开场白就颇为有趣，他说："我肯定不是个好裁缝。"

故事要回溯到当年的一道选择题——在他的父母准备把他送入社会谋生的时候，在职业的选择上，双亲意见不一。他父亲想让他学木匠，而母亲则纯粹从她的个人理想出发，希望他学做裁缝。尽管现如今车建新的衣装有品，非常注重时尚与审美，但他却很坦率地说，自己肯定不会成为一个好裁缝，因为不热爱。

接着,这位从乡村走出来的木匠,首先感谢了钱旭东,因为这位他称之为"文化老师"的好友使他爱上了文学。这些年来,他阅读了数以千计的文学及其相关领域作品,触类旁通,使自己的文学修养有了很大的提高。

在"获奖感言"部分,车建新说到了父亲给的压岁钱。因为有了这些压岁钱,所以才有共计三十多本的连环画。于是,赵子龙、岳飞、杨家将乃至清末著名武术家霍元甲等英雄人物,便从那些"小人书"里活灵活现地走了出来,倾注到他心里,滋养出他的英雄情结。

现在分析起来,上述的这段"忆苦思甜"是一场完全有必要的开场过渡,因为接下来说的,才是真正代表理想和信念的核心诉求——他说,我是富二代。

那么,请让我们看看他的"富二代"家族情况,以下几乎是他当年演讲的"原音重现":我们家,世代都是农民,祖先都是农民(听者皆疑惑)。我爷爷40岁时患上风寒,那时候,在乡下风寒是治不好的。就在我们爷爷去世的前一夜,我爷爷、奶奶、爸爸、姑姑四个人,抱头痛哭,足足哭了两个多小时。第二天,我爷爷就去世了。这一天,就是我们车氏家族最悲惨的一天。

车建新自己也仿佛身临其境,卷入了某种悲戚的情绪中。在他略做停顿之际,台下的观众也陷入揪心的氛围里,内心也颇有疑惑:这是他们车家的创富前传吗?正当万众疑惑之瞬间,他话锋一转:"这是我们车家最悲惨的一天,但也是我们车氏家族起步的一天。我将这天看成车氏家族的起点。"

不难猜测的是,当车建新在大庭广众之下把家族史上最惨痛、最有标志性的一页和盘托出时,他的内心经历了一场多么巨大的起伏。演讲者声情并茂,铿锵有力,听众反而更加疑惑:"富二代?"这个扭转家族乾坤命运的奋斗者前传故事仍在继续:"爷爷去世了,奶奶成了寡妇,被迫改嫁。所以,在我父亲12岁、姑姑9岁的时候,就开始自力更生——放牛、割草,在工地上做小工。父亲慢慢学会了瓦匠。他们只能靠自己,所以特别勤奋。"父亲做瓦匠的那一刻,或许正是车建新职业生涯的那个最远处的起始点,也是家族命运的一个重要节点。

父亲家族的生活足够悲惨,母亲这边也如同一个版本拷贝,出奇地相似:他母亲也在12岁那年,遭遇家庭巨变,车建新的外婆去世。12岁的母亲带着5个妹妹与父亲举步维艰。所以,他母亲也十分勤勉,都在命运的深渊里拼了命地挣扎。

此时车建新终于道出他的"富二代"身份谜底:父母不仅造就了他这个人,而且还开创了车家"勤奋、正直、简朴"的优良家风与奋斗精神。正是这份质朴的家风与蕴含其中的精神力量,才使这样一个充满疼痛的家庭,能够自力更生,养活自己。也正因为如此,才敢于在一个特别重要,也很有意义的时间节点里,在如此正式的演讲场合,毫无半点避讳地将过往历史中最不美好的一面,追根溯源,娓娓道来,并把红星美凯龙的第一代创业者追授给他的父母——尤其是他的母亲,那位坚忍不拔的伟大的中国母亲;那位每天早晨5点就要起床种田,一直要忙到晚上10点、11点,48岁便离开人世的母亲。

母亲是累死的,真的是累死的。车建新回忆说,当年跟师傅学木匠的时候,每逢农忙都会回家帮忙,但母亲都让他去师傅家搭把手，年年如此——就是为了让他学好木匠，但如此一来，却把自己累倒了，积劳成疾，英年早逝。人离开了，似乎什么也没留下，却为子女留下了"勤劳、正直、简朴"的精神。

宛如逆水行舟用力撑，而演讲行进到此，可谓"轻舟已过万重山"，"富二代"的谜底昭然若揭。台下一片掌声，确实感人肺腑。

在改革开放造就了一批成功的中国企业家之后，关于"富二代"的新名词解释就已约定俗成，指的是继承巨额财产的富家子女。但在2018年元月上海的这场演讲中，"富二代"这个新词汇发生了意涵上的逆转，叫作乾坤大挪移也不为过。车建新把自己定位为红星美凯龙和车氏家族的第二代、创业者，更是"富二代"，他说，我希望把这富裕的精神财富传承下去。

一个乡村泥瓦匠的儿子，在开创出一片奇迹般的事业天地之后，广而告之地把自己定位成"富二代"，乍听之下让人匪夷所思。仔细聆听，其诠释却能让人感佩此"富二代"之立意深远，催人反思，也足见车建新的"创新意识"，真是无所不在。

车建新认为，在无常的生活中，充满了失与得的哲学。因为过早失去亲人，他的父母就成了车氏家族的第一代创业者，而开创出整个家族的核心价值观。这是一笔精神财富，如果将此放置于企业之中，就是企业文化的核心内涵，最后才能形成企业用以直面市场的核心竞争力。也正是完整而全面地继承了这一系列的精神财富，作为第二代创业者的车建新才可能有机会将这份精神财富演变成物质财富，抓住了改革开放所赋予的伟大机遇，成长为富有中国匠人精神与创新意识的一代企业家。

二、回归大道

一个在市场经济中诞生的企业家对"富二代"的个性化解读，具有重构与颠覆世俗社会价值观的精神力量。他在追忆父慈母恩的同时，也向全社会抛出一个相当尖锐的问题："父辈给予的遗产难道仅能表现为物质财富吗？"

在中国传统文化中，向来讲究"诗书传家远，耕读继世长"，指的就是精神财富的继承与发扬。而车建新的"富二代"宣言，是对中华文明的一种实质性的传承与回归，更是一种重拾与重塑。因物质经济继承而成为社会追捧的"富二代"所形成的主流世俗价值观，恰恰是对我们这个时代莫大的嘲讽，是对经过40年改革开放经济逐渐强大物质富裕后的中国的警醒。品德是成功的基础乃至核心，曾经是中国士大夫精神和儒家精神的核心，也是西方贵族时代精英思想的核心。而对以物质富有传承为自豪的"富二代"追捧的社会，正是一个民族最优质的传统精神的丢失。为人民谋幸福是使命，为民族谋复兴也是使命。车建新的"富二代"宣言，也是对习近平主席屡次在重要会议上提出的，关于传承与发扬中华传统文明中优秀精神基因的企业家践行与自觉的呼应。黑格尔曾经说过，一个民族有一些关注星空的人，他们才有希望；一个民族只是关心脚下的事情，那是没有未来的。

如此诙谐有趣地将自己看作"富二代"，这与他本人的"财富观"有很深的关系。在他自己撰写的《平时经》（新华出版社）中关于财富的片段里，他写道："财富不是争来的抢来的，是靠德行积累而来，有多少德行，就有多少财富。帮助别人、待人友善就

是'存钱',别人的心就是你的银行。"

积善之家,必有余庆。请看车建新的父母馈赠的财富到底有哪些:儿童时代,父母给他零花钱买经典故事连环画,使幼小的心灵通晓了常山赵子龙的英雄忠义、岳武穆的精忠报国、杨家将的舍家卫国等,这些都是中国传统历史中值得传承弘扬的文化基因与精神密码。父辈的无形馈赠与无私给予,在潜移默化中内化成他的精神支柱与前进动力。父母通过身体力行与言传身教,把"勤勉、正直、善意、质朴、包容谦虚、宽以待人"等诸多千金难买的为人做事的高洁品行直接传承与"移交"给了他,也正是这笔无形却又无比丰厚的遗产——最朴素也是最持久的价值观,才给予他启动"创业"的勇气和力量,让他这个"富二代"能够战无不胜,既创造出中国家居连锁商业模式,又能逼退国际垄断巨头退出中国市场,并将红星美凯龙企业集团推升到全球商超 Mall

王的至尊地位。正如美国成功学大师史蒂芬·柯维（《高效能人士的七个习惯》作者）所断言，真正的成功与人的品德密不可分。

这个非同凡响的"富二代"认为，开家赚钱的企业并不难，但是，要打造一个优秀的大国品牌，必定需要有远超常人的商业格局与时代使命感。

车建新已经习惯于将企业与商业领域的职业情操，用儿女对父母的情感加以比拟了。在他的《平时经》里说道："职业情操……就如儿女对父母的认同，永远不离不弃。正直、诚实、助人为乐、廉洁，对同事包容、有仁爱之心，都是职业情操的重要元素。"这段话，我们是否也可以看成是红星美凯龙董事长为企业开出的一份涉及精神遗产的继承清单，一份能够给予企业各种生命力的无价清单。

事业其实并不是一代人就能完成的，而这种代代传承、积累与延续的优良品德的保证，孕育了家族精神与智慧亮点，最后形成真正的财富——此话也正是"富二代"车建新所说，刊发于他的那本《生活体验的智慧》（中国友谊出版公司）的自序中。由此可见，"富二代"的标杆抵达了一个新高度。

随着中国社会的大转折、经济的深化变革，衡量价值的指标已然发生重大变化：不应该仅仅停留在物质层面的富有，更需要精神层面的富有，并摒弃非正道价值观层次上的成功和富有，才能真正地富强，才能实现真正为人民谋幸福的使命，真正实现为民族谋富强的使命，才有中国传统文化的复兴，才能重新立于世界之林。

日渐自信、理性和文明的中国，正在呼唤新的中国思想与中国精神。然而,回归精神富有的中国传统文化观,回归品德是成功基石的人类传统文化观,是迎接新时代的必经之路。这个回归,是孟子的"学问,只求安心二字",更是阳明先生的"诚意致良知"和"金子的品质不在于大小而在于纯度高低的成色论";这个回归,是习近平主席多次强调和阐述过的中华文明的核心精神,是中国传统文化复兴的必经之路,更是中华民族复兴富强的必经之路。

而"勤勉、正直和俭朴"的精神品质,是韦伯和富兰克林道出的资本与商业永葆价值的基础;这种"富"的道德戒律,才是商业经济社会应该仰望的星空。

至汉以儒立国,中国贤哲们和2000多年历史所流传并成为传统的宝贵财富,恰恰是商业社会功利主义盛行后,而不自觉丢失的"勤勉、正直、善意、质朴、包容谦虚、诚信忠贞"等诸多千金难买的为人做事的道德品行。一个企业家能够在当下社会喊出新的富二代要义,真是金声玉振。这个"新",其实是蒙尘已久的中国老底子的法宝;这个"新",其实是一种大义的回归与传承。而这个"富",是当今中国必须重新拾起并高举的价值思想;这个"富",是中国家庭和谐的根本;这个"富",才是中国高质量发展的核心动力,才是大国品牌应有之本义。

有这个"富",才是美好生活的基石。

有这个"富",才是回归大道,才是下一代延续前辈事业和精神的新法门与美序章。

思想的光芒

以优良品德为心源

孵化与创造着

依次而生的力量

开辟了历史的长河

指引着未来的生长

一个时代

自有一个时代的使命

第五章
时代启示录

- 美美与共的家国梦
- "城市之心"的高远路
- 稀缺的企业家精神
- 大出者大返

"文化进步的国民,既要实施科学教育,尤要普及美术教育。"1928年,六十岁的蔡元培筹建了群英荟萃、实力雄厚的"中央研究院",架构了中国现代科技体制。

今天的中国,不仅需要科技思想的创新与引领,也需要文化教育思想的革新,以引领科技与经济的创新发展,以夯实国力,而傲立世界民族之林;今天的中国,更是需要蔡元培先生这般儒雅谦谦的真君子,却又是心有猛虎的性情中人。而中国企业家阶层的崛起,正是时代赋予新一代英才的责任与使命,唯勇猛精进的赤子可担纲中国的崛起。

一、美美与共的家国梦

一百多年前,先哲们前仆后继,以赤子之心,报家国情怀。转眼间,站起来的新中国,已七十年光阴。大国之寿,正当崛起年华,已然复兴,又一次站在世界的中央。百年前大哲们的面容恍惚而过,煌煌之思想熹熹发光,醇醇之警语犹在耳边,不禁感慨今日的中国,革故鼎新的奋进,从庙堂与学府转辗到商界,并花繁叶茂,大育民生。

中国品牌,历经中国企业家们近四十年磨砺,逐渐呈现其应有的气象。美好生活的行迹和故事,已真真切切发生在国人的现实世界里,足以慰藉为中国而奋斗献身的前辈英贤。美的教育,文化思想的创新,也真真切切摆在国人面前,成为中国品牌与中国经济富强、文化复兴与富强的重要法门。

百年回眸,蔡元培先生奋力催发的星火,犹如文曲启明,再一次从中国太湖之滨兴燃。大德垂后世,以美育醒世人的夙愿,不料得以从一个民营企业,一个木匠出身的企业家身上重新生根发芽,再起星程。

1908年,四十岁的蔡元培成为一名老学生,埋头潜行,孜孜不倦。在德学涯,形成了蔡先生"以美育唤醒国人,以美育救亡图存"贯穿一生的学术主张。

随之受邀回国担任南京临时国民政府教育总长的他,在极度简陋的办公环境下,颁布《普通教育暂行办法》,主持制定《大学令》《中学令》,并奠定了从幼儿园到小学、初中、高中,乃至大学研究院的中国现代教育体制。20年后,六十岁的他筹建中央研究院,群英集于麾下,他又强调"文化进步的国民,既然实施科学教育,尤要普及美术教育"。

百年前,一代大师们历经近半个世纪,追求真理,以身殉道,坚守信念,不避刀俎。他们将知与行打成一片,决不与时俯仰,与世浮沉,于一己之艰难处境,却毫无挂碍,开启中国的思想创新与启蒙运动。新中国成立后,改革开放时期的20世纪90年代,国家在实施科教兴国战略的三年后,又作出《关于深化教育改革全面推进素质教育的决定》。十年后,《关于深化文化体制改革的若干意见》出台,并在2006年10月的中共十六届六中全会上通过《关于构建社会主义和谐社会若干重大问题的决定》,强调推动社会建设与经济建设、政治建设、文化建设协调发展。2011年,在中共十七届六中全会上通过《关于深化文化体制改革推动社会主义文化大发展大繁荣若干重大问题的决定》，要建设文化强国。到近十年来的人才计划、科技创新计划和深化改革计划等不断推出，全面呼应习近平主席在"十二大"提出的要实现中华民族伟大复兴的中国梦，必须走中国道路、弘扬中国精神、凝聚中国力量。

一路奔跑的中国，吐故纳新，勇于变革，已经迎来文明古国的文艺复兴时代。

尽管天下已无蔡先生，但"科学救国，美育救国"，既是那个时代的金声玉振，也是走入新时代的中国依然振聋发聩的强音。

这种"不为良相，便为良医"的中国传统儒家精神血脉，有幸得以千丝万缕无往复之在千万个家庭存根延续，也得以在一个民营企业家的原生家庭延续而茁壮成长。而蔡先生的美学主张和楷模精神，也因这个勇于创新和变革的爱国的企业家，在一个民营商业巨头的心中生根发芽，逐渐开出文明的花朵。

十多年前，进入上海市场并作为总部所在地的红星美凯龙，在创始人车建新的不断引导和要求下，就投入巨资建造"未来时代"空间，以极度超前的战略思维和发展理念，在引导市民消费生活观的同时，也重塑团队和企业领导层的发展观。此后，不断提出关于美的建设，并以此为考核指标，提升团队经营思想的"美者"观。的确，以提升中国人居家品位为己任的红星美凯龙，绝不可能错过这个伟大时代赋予的"建设美好产业和美好思想"的机遇。

蔡先生说，"原始的人类，于艰难苦斗的生活中，仍有文身、雕刻、装饰器物的精神生活之需要，可见文化与物质生活同样重要。"车建新在其《体验的智慧·生活》一书中说道，"城市化带来的创新发明、思想进步和文化艺术的进步，本来就是精神文明的重要组成部分……处于探索、创造的一代，行动中肯定会有错，发展中肯定会有伤。但我们克服困难、战胜挫折、创新改进的历程与积淀，又必将成为精神文明的重要组成部分。"他坚信，党的十八大报告中提出"美丽中国"的蓝图，虽然和现实有距离，但只要有决心，从政府到每一个人都把责任担起来，透过大雾朝前看，距离就不再遥远。在港股上市的红星美凯龙，又登陆A股市场，在车建新的思想引领下，红星美凯龙启动家庭战略，意在全面打造美好生活价值链，以引领国人的新生活。

在书中还有一篇文章，是车建新自己在大会小会上，以及生活中不厌其烦谈论的《三品论》。"美本身就是一种生活智慧，更是一种生产力、创造力和竞争力。"他说，品质、品位与品牌就是与美关联的三个最主要的元素。他认为，品质是追求美的基础，是人做出来的，这里面包含了品格。人的品德、素养、格局、格调，决定产品和企业的品格。……而把善和爱的品德注入对品质的追求，才能创造出上等的品质。他甚至把品质上升到民族的高度，认为"做强品质不仅是对个体的救赎，更是对整个民族的救赎。"还说，要有"掘地九尺"的求本精神。他又说，"品位是追求美的行为，而品牌是追求美的结果。"并认为中国人需要在美的情景中去提升审美的感知力。但他也强调："品牌的打造，是一个艰辛而又光荣的历程。只有凝结了无数激情与精湛的品质的产品诞生时，你的顾客才会有认同与刻骨铭心的感受……'三品'不是一个相互关联的系统，是来自实践的有感而发。"

回头深望，红星美凯龙33年来商场的不断迭代，美学和家文化的持续倡导与实践，既是企业创建者从内心深处发出的生命思考、体验与力量，也从中处处可以感知到蔡元培先生思想的脉络与精神的向导。

2012年，任正非先生在挪亚方舟实验室发言说："不要为一时半刻有没有光荣和功勋去计较，为千秋万代、中华民族要做出历史贡献。"任先生又说："更多要看到你对未来产生的历史价值和贡献。……从事基础研究的人，有时候不需要急功近利。……统一的价值观是经过多少代人的磨合才可能有的，现在我们也不能肯定，但是我们尽力去做。"正因为任正非具有高尚的节操和大美人格，才有卓越远见，才有华为的战略观和价值发展观，才能在大国竞争中彰显实力和美德，而成为现代商业社会的人格典范，成为中国的骄傲。

任正非对民族、家国和产业强国的深刻洞见始终如一，并一以贯之地坚持；车建新对品质、品位和品牌的理解与长期的践行，既是今天中国需要面对的挑战,更是真正进步的智慧法门。正因如此,中国从国家层面设立"国家品牌日"的战略意义与文化价值,才得以彰显。正如车建新不断对美、对"三品"建设的呼吁:"追求美,是人的天性,更是社会发展之需要,我们要从'中国制造'到'中国创造','三品'当是必由之路。……倡导一种美学生活的方向,正是对人类和社会的贡献。"时代应有自身的节操,涉及人事的大是大非,需要坚守,需要耐得住寂寞。中国企业家的使命与忧患意识,与百年前的先哲大德是一脉相承的。

有五千年文明史的中国,两千年来以儒立国立教。儒家的君子之道和士的精神风骨,是其坚硬的基石。蔡元培先生一生助人无数,乱世中爱才如命、特立独行,又能坚持思想自由、兼容并包的精神。这种伟大的人格,是正处传统文化大复兴的中国和迈向盛世的中国所需要的思想灯塔。而其念念不忘的"学术救国,道德救国",依然具有强烈的时代意义和价值。所谓楷模,必然可以引领中国文艺复兴的新思潮;而拥有任正非、车建新等一群有时代担当的企业家和理想家,也必然可以促进民族事业的富强。

时至今日,有了较为丰实的社会建设成果与经济基础的中国,更需要返璞归真,重塑中国传统精神。今天的我们,无论是做商业搞经济,还是建设社会文明,考验的不仅仅是能力,更需要具有足够的耐心和朴素之心去坚持,去夯实那个文化价值基础。

沧海风雷一世纪,岁月深磨流金光。从一个企业家身上遥相呼应百年前先哲大师的呐喊和持续艰辛的实践,是上天不负有心人最好的应验与承诺,也是不忘初心最有力的实证,更是从七十年前站起来到改革开放富起来、今天奔跑在强起来大道上的中国,和一个与时代、与祖国共命运同呼吸的民营企业家,回应一个在百年前殚精竭虑苦苦追寻救国真理的贤者最美好的诺言。

这种发愿与建设,在今天这个时代,在中国最发达的区域,是天时,也是地利;经过四十年改革开放而日渐强盛的中国,有民营企业家发愿,且是来自中国乡村贫穷家庭因家国发展红利而崛起的企业家的发愿,也是天时地利,更是人和。

走进新时代的中国,开展美学运动和文艺复兴的努力,恰恰是成功者对社会、对家国的反哺。是对今天中国共产党坚持学习,并要求所有党员不忘初心,为民生谋幸福,为民族谋富强的响应,更是对新中国七十华诞最美好的献礼。

二、"城市之心"的高远路

2007年5月,全球首个爱家节在红星美凯龙盛大举行。

在中国城市化进程中,传统二元社会的瓦解,传统家庭的分裂,必然成为历史的滔滔洪流。经30多年变迁,在大批量乡村衰败和消失的同时,几百座城市崛起,并带来超过5亿城市新移民。四十年回首,爱家的意义已然成为一个国家与民族面对的战略挑战。家文化,在沉寂了一百多年后,竟然成为一个具有几千年宗族文化传统国家的新命题。而12年前的决定与行动,让红星美凯龙这家民营企业具有别样的生动与人格魅力。当企业宣布启动家庭战略的那一刻,让其"为中国家庭创建美好生活"的战略命题昭然若揭,也让车建新"推动中国人的身心安放"的生命命题得以安放:从家居到居家的战略转移,打造"城市客厅",成为城市文化承载地和家庭生活的建设地,已然上升为一个组织的文化战略和社会价值战略,并与国家战略导向遥相呼应。

2013年,红星美凯龙在上海金桥开出首个第九代商场,追求"商业空间艺术化"这样一种新思维初显端倪。第九代商场由著名建筑师保罗·安德鲁设计,符合车建新追求高品质的性格,更贴切他的那句著名口号——设计就是科技。

保罗·安德鲁给"第九代"带来两个方面的显著变化。第一次出现可供专业舞台剧表演的小剧场,并将以每年40场左右的专业演出对消费者免费开放。其次,在商场内定期举办各种主题艺术展,每年有七场。把文化、艺术与高品质生活呈现于大型Mall中,既增加了消费体验附加值,又将红星美凯龙"以提升中国人

的居家品位为己任"的企业使命推至更广阔的境界——提升中国人的生活品位为新的服务宗旨。这其实反映了企业的理念与服务能力在迭代升级。购物不单纯是消费,而是在还原生活本身,也超越了卖场的定义与内在本质。第九代商场的出现,为红星美凯龙打造"城市之心"画出了一个清晰轮廓线和新的战略走向。

2017年12月16日，国内首个"文化体验商业综合体"——上海爱琴海购物公园盛大开业。又一个国际建筑大师安藤忠雄参与设计，是又一次文化体验融入商业的大胆创新与实践。

作为担当"城市客厅"的"前传作品"，红星美凯龙期望通过跨界融合，引入空中有机农场、国际马术俱乐部、冰雪世界等休闲娱乐方式，尤其打造了全国之最的城市"海上世界"音乐喷泉，全面倡导"沉浸式体验"。这座购物公园在设计创意、硬件设施、海派时尚元素的呈现和文艺业态创新开发等诸多方面均无限接近红星美凯龙"城市客厅"的"宏大叙述"。

以商业空间为主体，以家文化为核心主题，以跨界域、跨文化、跨消费等方式打造城市的灵魂，用别无借鉴的自我创意，创造性地构筑"城市客厅"，是红星美凯龙在商场迭代升级之后的战略进化表现。除了文化艺术等元素与内容注入之外，"客厅"所在城市的历史文化元素也将注入其中，并通过整合之后展示出来，从而更好地释放出"客厅"所在城市的人文特质与个性风貌，这也正是"客厅"的意涵与魅力所在。

至此，"城市客厅"超越了商业卖场的原始含义——既是体验式的消费卖场，更是以城市文化为主体的多元文化展示厅和活动场，是商业文化、城市文化以及传统文化糅合而成的文化集聚区。咖啡馆、电影院、美食街、专业小剧场和美术馆穿插其中。在合理的构想中，将推演时装秀、样板房甚至开办图书节上的作家演讲会场。跨界与交叉互动的文化艺术活动，都可能被纳入。在厚重的城市文化与商业文明的碰撞与互动中，一切时尚的、现代甚至后现代的、新潮抑或传统的思想与观念，都可以在红星美凯龙的"城市客厅"以一种流居多变的动态美的形式呈现出来。在城市固有的历史文化地基之上,更多的构想与创意将在"城市客厅"里诞生。可以说,这是整个购物中心品牌文化借力城市文化和传统文化发声意图的迭代。那些长期集聚于红星美凯龙传统渠道平台上的著名家居品牌和生活用品,未来所能扮演的角色必然更加丰富多彩,剧情也将更加符合新时代中国消费者的需求,满足其对家庭美好生活的期待。由于每座"城市客厅"坐落于不同的城市,而每座城市又拥有独特的历史文化、风俗人情以及消费特性,因此,每座"客厅"都将是富有独特人文品质与风格调性的个性化建筑空间作品,又是一个独具城市魅力和文化特质的文化空间。不仅能够反映城市的历史文化主题与城市特色,是该城市日常生活形态的一个浓缩体现,是能够实现城市居民社交生活和家庭文化生活承载的梦想平台。如果按照企业在将近两百多座城市近四百个Mall基础上扩张的进度,假以时日,红星美凯龙很可能被载入中国的城市发展史。

事实上,按照红星美凯龙对"城市客厅"的价值定位与整体布局来看,此"客厅"既符合传统的旅游六要素——吃、住、行、游、购、娱,又恰好配合文旅战略有可能发展出的所谓"商、学、养、闲、情、奇"新六要素,符合旅行者对所在地的历史文化与艺术生活的需求。因此完全可以成为来自五湖四海的第一站,也可能成为另类的城市生活展览馆,并让红星美凯龙体系的连锁经营,拥有全新的进化发展。从这个意义上看,其"城市客厅"已经完全抵达城市文化的内核,是消费升级与价值进化的一次规模化的战略性大动作,而文化灵魂与企业精神也将通过这样的计划融入其间。

高质量发展与美好生活互为表里，是国家战略，是中国社会时至今日的必然追求，意味着中国社会必然将更趋向于关注精神与心灵层面的消费享受，以及多元而丰富的文化体验。车建新的三品论，本质上与此一脉相承。因此，在红星美凯龙的城市客厅内，既能够实现通常Mall所拥有的所有功能，即提供家居生活的消费解决方案，还从身心灵的闲适生活方面提供一系列的解决方案，试图在每座城市的"内心深处"，安置一个文化消费空间，来服务广大家庭和个体在精神与心灵方面的各种需求。在为城市居民提供高质量消费生活价值的同时，创造家庭深度社交和文化生活空间，并能让外来者深度体验城市生活，享受城市高质量的文化消费，是企业拟造"城市之心"的初心与出发点。一座城市文化含金量高的地方，往往是图书馆、博物馆、书店、剧院、电影

院等场所,红星美凯龙试图创造性地将这些"文化场",通过不同的呈现方式将其"抓"进"城市客厅",并使其产生相互的磁场作用与化学反应,最终把商业 Mall 演变成包含了具有文化与艺术消费功能的文艺空间。

物质文明的重塑与精神文明的提升,是消费升级在当下社会的普遍意义与价值体现,而文化升级和富强,必然建立在美好思想与审美价值的基础之上。红星美凯龙对城市文化客厅的探索,是从家居平台服务商转向家庭生活服务商的时代诉求,是消费时代走向生活时代的重要标志。红星美凯龙,从建筑设计的生态观、空间形态创新、文化和艺术的功能业态开发与创建,到家居样板打造,爱家文化的建设与传播等,一切剑指生活美学的集成,并已经形成自己完整的思想与服务体系。这是在"提升美好家居生活"理念的引领下,全方位融入城市、表达城市以及自我升华的一种文化企图,即把文化灵魂及其内容融入现代商业行为中,落实到具体功能上,试图在以商业空间为主体的架构中,表现城市的历史面貌、文化内容以及生活品质。在纵深的延展中,为自身在以高质量发展为目标的新时代找到新的历史定位和新的产业使命,从而超越行业边界,在整个改革开放的事业路径与历史长河中,清晰地找到自己的坐标,而在新的历史进程中继续谱写传奇。完全可以想象,一个爱琴海,一个城市客厅,将不断创造引领消费和社会风气的中国风尚,更在家文化和城市文化的建设与传播中,不断创造美好的家庭故事,造福于在城市里安家的人,在安得广厦千万间的家国情怀背后,安放和慰藉城市里每一颗辛勤劳作的心灵。

家安则国安,是中国重要的传统文化观。红星美凯龙的"城市之心"梦想，创新性打造家庭社交和关系建设的美好空间，既承载着创始人车建新的家国梦想，也承载着迈入新时代的中国人对美好生活向往的梦想。

三、稀缺的企业家精神

2018年9月8日，中共中央、国务院印发了《关于营造企业家健康成长环境 弘扬优秀企业家精神 更好发挥企业家作用的意见》；同年10月18—24日，党的十九大作出中国特色社会主义进入了新时代，我国社会主要矛盾已经转化为人民日益增长的美好生活需求和不平衡不充分的发展之间的矛盾等重大政治论断；同年12月18日，习近平在中央经济工作会议上讲话指出，推动高质量发展是当前和今后一个时期确定发展思路、制定经济政策、实施宏观调控的根本要求。

新时代和高质量，推动企业家们成为大受关注的群体，而企业家精神又成了摆放在企业家面前的新命题，更是摆在社会和国家面前的老命题。重新考量与解读中国企业家，考量他们"创新、坚守和责任"的精神要义，成为这个时代必须面对和解决的大命题。

管理学之父彼得·德鲁克说，200年来，人们对企业家和企业家精神的定义一直混淆不清。比如沃尔特·迪斯尼最伟大的创造不是《木偶奇遇记》或者《白雪公主》，甚至也不是迪斯尼乐园，而是沃尔特·迪斯尼公司及其使观众快乐的超凡能力；萨姆·沃尔顿最伟大的创造也不是"持之以恒的天天平价"，而是沃尔玛公司——一个能够以最出色的方式把零售变成行动的组织……当西方发展到19世纪之际,人们开始将企业家具有的某些特征归纳为企业家精神。工业文明发达体系里,深藏着资本主义冒险的基因。在西方的词典里,企业家们勇于变革和接受挑战,有专注如一的执行力与品质,简朴的生活态度,能够不断保持创新的思维和能力,具有强大的商业经营天分和学习吸收能力,具有远见,能够持之以恒等。而这其实也是东方文明中卓越人士的优秀特质,也是中国企业家们的典型特质。

企业想要在激烈的市场竞争中掌握战略主动、赢得比较优势,一个关键点就是企业经营者必须具备强烈的创新意识和创新自信,敢闯敢试、敢为人先,勇于变革、开拓进取,善于推进企业产品、技术、商业模式、管理、制度、文化等各方面的创新。市场的活力来自人,更是来自企业家,来自企业家精神。所以,企业家精神中最主要的本质是创新。只有那些有创新思想和创新业绩并具有"企业家精神特质"的领导者,才能称得上企业家。

人类的一切力量皆来自思想。在任何卓越的吐故纳新中,都处处闪烁着思想的光芒。中国改革开放40年沧海巨变,背后是思想的力量在推动。企业家的实践力来自创新力,而创新力来自思想力。思想以优良品德为心源,孵化出企业家精神。

"匠心"与"创新"是车建新推动企业发展的思想引擎。这两股力量的碰撞、融合与演变,形成了他很多思想火花,譬如三品论、内心开发论。再譬如在2017年的"鲁班文化节"上,他把"匠心"看作所有思想与创新的出发点,因为"鲁班精神"的内涵,就是一个民族的品质标杆和创新动力。因此,他不但用自己的方式解读了"匠心",而且把自己首创的"创新发明四型论"公之于众，告诉大家如何从基因、微因以及纳因的交叉碰撞中，寻找创新的本质；如何以爱迪生为师，从三至五个"因"中推理出"果"；又如何通过演绎、假想与模拟，发现新事物；最后，又把所有类型整合互动于一体，而形成一种全新的创新发明系统……这是一份来自企业家的创新发明思想与理论，是历经实践检验而最终形成的饱含智慧的经验文本。

强大的学习力，是企业家精神的重要组成部分，也是作为企业家的车建新个人身上的明显烙印和闪光部分。他的创新意识与学习精神，正是其经营思想的两大来源，贯穿经营全程。创新意识的产生，起源于他对"创新于企业发展重要性"的深刻洞察与理解，并在创业实践中加以积极运用，形成自己的方法论与创新模式。而早期因辍学失去高中及高等教育机会的客观事实，虽然被他个人认为是一种人生遗憾，但却演变成激发他补偿性学习的强大动力。他不仅以如饥似渴的状态进行学习，甚至以一个学者的姿态带动整个企业积极向上，求知求新，与同事们共同努力，把红星美凯龙打造成一家学习型的现代化企业。新青年运动、开办鲁班学院、世界书架等企业项目的推出，都折射出红星美凯龙自始至终在不断的学习中自我成长，并积聚思想的力量。企业成功的背后，就是思想的力量在不断推动。

车建新能从一个小木匠发展成为商界翘楚，既与他完好地传承了父母的价值观相关，也与他踏上社会之后，善于学习与思考的习惯成因相关。他不但自己是一个永远的学习者，永远在观察、提炼、实践、体验与阅读、写作，而且还将企业集团变成一个永远学习的组织与机构。他认为，智慧的源头一定来自学习与体验。

正如他自己在《平时经》中所写:"学习使人拥有了全新的生命。"

文化思想的创新是企业家精神中又一个稀缺的因子,也是车建新引以为豪的又一个成功法宝。

无论是举办12年的爱家日、鲁班学院的人才计划,还是"城市客厅"的未来布局,抑或是"红星书架"的全球化落地,红星美凯龙的文化战略举措,总是能够与国家文化战略积极呼应和同频共振,充分体现了企业的文化自信。在长达33年的发展历程中,车建新及其高管团队的顶层设计与战略决策,从来都是紧密跟随国家发展的大趋势,看清与紧扣国家发展的总体战略,而也以锐意进取与改革开放的心态,在探索中发展。说到底,这也是企业家精神与爱国主义情操的具体表现。

车建新个人的创新意识,表现了独有的文化思想观。他曾宣告,他是一名"富二代",彻底颠覆与打破约定俗成的"富二代"概念框架,从将"继承的富有"界定为勤劳、正直、善良等内在品德,试图用中国传统文化中最为宝贵的财富重新定义。这就是他通过思想创新而绽放的力量,也是他积极寻找美好生活的内在诉求。

企业家精神是企业组织持续经营的重要支撑,是企业的灵魂和最宝贵的精神财富与思想灯塔,指引企业走在商业的康庄大道上。而企业家精神,必然以优良品德为基石。经济组织有创造利益的根本职责,商业价值却是从服务社会中得来。所以,经济效益和社会效益必然兼顾融通,这也正是中国传统文化中所追寻的义利兼修。追求企业小利,根本上还是服务社会大利,才是企业应有之义,才是企业家的根本之义。优秀的企业家,必然有强烈的道德感、正确的荣辱观与传统文化精神,并具有影响和带领一群人共同奋斗的精神格局和人格魅力。

作为一个具备创新精神与思想力量的当代企业家，车建新以推动中国人美好生活为己任，以与产业和社会发展的命运为责任，他以及他代表的红星美凯龙，也秉持强烈的奉献精神，为国家以及自身所处的时代做出了应有的贡献。一个企业家思想力量的集聚，不单来源于自身与企业，更来自国家改革开放的大环境，来自这个伟大时代的推波助澜。因此，回归到本源，那句老生常谈可以作为最为准确的诠释：取之于社会，回报于社会。历史的航程波澜壮阔，时代的大潮奔腾不息。生生不息，奋斗不息，这才是真正思想力量的源泉。

南怀瑾先生曾经说过，在中国传统文化里，企业家的标准是胸怀天下苍生的福祉，并把提高社会生命的福祉作为目标的人。商业经济成功的大利，是企业家创造的小义；心怀天下，哪怕创造社会财富与福祉的小利，则是企业家实现的大义。对于走进新时代的中国，十分需要的是既能把握时代潮流，又坚持民族精神的企业家。强烈的社会政治责任感、历史担当和充满爱国主义理想的家国情怀，是中国社会所呼唤的企业家精神。

只有充分地激发和保护企业家精神，激励新时代新担当新作为，才能让企业的创新活力充分涌流、创造潜力竞相迸发，才能够在改革开放的大潮中击楫争先，破浪前行。

四、大出者大返

如果把红星美凯龙33年的创新史与成长历程，放在改革开放

40年甚至新中国成立70年这样的时间跨度上进行审视与解读——在宏观大势上,就能体察到改革开放带来的震撼人心的巨变,以及新中国建设的筚路蓝缕,事业开创的玉汝于成;从微观样本的视角,就能领悟习近平总书记在党的十九大报告中提出的"高质量发展"的深厚内涵。

作为一个无从预知却又是必然的现象,因模式创新取得成功而被选入哈佛大学商学院教材,也在不断发展过程中长期致力于中国工匠精神——鲁班精神的传承与发扬;开创"爱家日",竭力从中国传统文化中获取营养和能量,推动消费者培养家庭责任感,而传播纯公益性质为主体的"社会节日";积极赞助与投资文化输出项目,为中国文化走向世界竭心尽力等。因时代而生的民营企业——红星美凯龙,便是一个真真切切的改革开放的典范,也是一个不断探索践行高质量发展的企业史样本。

创始人车建新将自我精神"富"的能量贯注到企业平台的运作中,并在事业的曲折发展中,坚持成长、传承的初心,以勤劳、质朴、正直的富足品德,培养、拓展美好的生活观。正是基于始终如一的初心,红星美凯龙创造了一个全新的商业模式,创造了一个现代服务的新行业,成为中国家居制造品牌的孵化器和产业生态体,引领中国家居消费质量不断升级,推动中国家庭生活质量的提高。

红星美凯龙自主创新的结果,不只是一个民族商业品牌的崛起。它对中国家居流通市场的升级和创新,起到了积极的示范和引导作用,对行业整体发展水平的提升产生了深远的影响。在自身不断创新升级的同时,坚持走扶持工厂、共生共荣的发展之路,致力于培植民族家居产业,成为家居工业品牌孵化器;为广大经销厂商、服务商提供了创业的舞台、成长的院校和资本的支持,成为整个产业供应和合作生态的创业孵化器;同时以情景化的布展、体验式购物,艺术文化引导与培育,把居家品位传递给千家万户,创造了提升中国人居家品位的全国平台。

在考虑企业经营发展的同时,红星美凯龙越来越多地考虑如何与环境和谐相处,持续发展;企业对社会的善举,对公益的推动持续加强。可以说,强烈的社会责任感正是红星美凯龙自主创新的精神动力。

如今,迈入新时代的中国商业品牌,正向世界展示着自身的蜕变和进化。面对日趋激烈的竞争,中国需要具备世界格局的大国品牌。红星美凯龙,也将为打造"中华民族的世界商业品牌"的企业愿景不懈奋斗。党的十九大提到"把人民对美好生活的向往作为奋斗目标"以及"中高端消费、创新引领、绿色低碳"。红星美凯龙要把党的十九大精神贯彻落实到企业的方方面面,不断创新和提升业务品质,为消费者提供更好的产品和服务,为"美好生活"贡献自己的力量。而真正的美好生活,必然以高质量的物质文明和精神文明为支撑。在中华民族复兴和传统文化复兴的重要历史时期,中国传统文化中优秀精神基因的传承和价值回归才是高质量的因子与源泉,也是中国文化复兴和民族复兴的源点与基础,也是中国商业文明重建的基础。

近年来,习近平主席多次在政治局会议上强调,要激活中华文明深厚的精神基因,正是洞察了中国的病因。有了老祖宗传下的良药,也要用这个时代的药引子,补中国商业社会的元气。主药材应该是体制、道义和责任，补其社会精英阶层担当精神和悲悯情怀缺失的病根。

每一个时代，都要交给一群人做主。建国大业，一定交给浴血奋战的勇士；文化建设，一定交给正直雅量的君子；而发展经济的时代，一定交给厚德载物的企业家。改革开放四十年，国家以经济建设为中心，正是基于富强国家和人民的宏大心愿。企业家们，勇立潮头，是国家之幸，社会之幸。

中国有一批企业家：生活崇尚简朴，事业勇猛精进，爱好读书，追求上进。他们热爱国家和生活，具有深刻的悲悯之心。这些，正是他们作为文化自觉者的火热基因和深厚基石。

人的自觉程度越高，反思的能力越强，表达的冲动越大，创造力和想象力的空间就越大。对中国的这些企业家来说，在二三十年的时光中，求真立善的自觉心，点点滴滴，已经物化成企业和他个人的灵魂基因。20世纪初，韦伯曾经用基督教文化里的价值观来解释，为什么许多基督教国家发展出资本主义的经济繁荣。因为，自觉克制、崇尚节俭、禁欲主义、勤奋敬业的基督教文化推动了企业家和资本家的精神塑造，并带动整个西方社会的精神塑造。

大出者大返。重拾传统儒家优质精神，振兴民族商业，是这代中国精英的必然使命，是这代中国商人、中国企业家的必然归途。期待更多的有识之士，推动中国实体经济的突破，共同推动中华文明的再传承，推动商业时代的经济腾飞和文化复兴。

跳舞的大象
惊艳了整个森林

深入其中
又远离它

静心、闭目
再一次体会
大地的震动

特别报道
红星美凯龙极简史

- 33年的成长
- 先觉与自觉的进化路
- 土洋之争
- 善建者行,履新者久

中国家居市场的演变与发展，大致可分为四个周期。

从20世纪80年代中期到90年代初期，是起步阶段。在沿海城市和经济较发达地区，开始涌现出一定数量的家居市场，其市场规模、市场位置以及商业档次虽与现在的市场状况别之云泥，但它们大多数都比较适应当地的经济发展状况，多数还是沿街松散经营为主。由于注入资金有限，所以家居市场的店面规模通常不大，产品也大多以国产建材为主，基本无品牌可言。

20世纪90年代初期到90年代末，是家居市场总体的形成阶段。这个时期的经营已经呈现出多样化趋势，租赁、零售、直销、批发、自营、代理等多业态并存发展，属于生机勃勃的"行业童年期"。业态优势均不突出，规模自然也不大。但大量的产品品牌开始崛起，市场发展很快。

第三个发展阶段是从21世纪初开始，受益于福利分房时代结束的大利好，中国的城市化进程进入突飞猛进的黄金岁月。跟随房地产市场的迅猛发展，家居市场规模也加速扩大，开始走向完善，管理趋于成熟，形成了综合性、一站式家居卖场，规模化和专业化经营占据主导地位。作为一种新的商业业态，家居市场迅速发展并被消费者广为接受的根本原因，就在于改革开放政策的实施、经济稳定持续增长和人民生活水平的不断提高。传统的"自行请木匠打家具"的主流模式，也随着新的家居消费形式近

20年的大规模发展而瓦解，中国人越来越愿意花更多的钱以提升家居装饰，反过来说，也为家居市场的崛起做出了贡献。家居市场诞生、演变与发展，是这一历史阶段产业发展的必然趋势。通过不断的自我改善和提升，家居业逐步成为朝阳产业，与国计民生的大好局面形成了良好的互动与补益。

而从2014年以来，中国制定了诸多政策，强烈推进深化改革。从供给侧结构性改革到双创计划，从技术创新到高质量发展，中国经济进入深度调整期。短短几年，中国房地产业完成了快速的市场洗牌，品牌和市场集中度迅速提高，整个住宅市场也高度发达成熟，进入沉淀与消化期。长尾效应出现，也推动了中国家居业的洗礼与产业升级，家居商贸品牌也出现分化潮并快速提高集中度，资源与价值向头部平台公司集聚。中国人整体生活品质的提高，带来软装市场和家庭软建设的需求急剧提升，推动家居服务经济市场的规模化发展。

红星美凯龙又一次紧紧抓住市场脉搏和时代赋予的机遇，提前布局，通过上市募集资金，加快爱琴海购物公园的扩张建设，击穿整个家庭生活的消费链。

回顾中国家居市场螺旋式上升的四个发展阶段，作为中国家居业的第一品牌，红星美凯龙是产业发展的见证者，更是全程参与者——其自身就是整个行业发展史的演绎者与重要组成部分。它的创业、创新与创优的历程，不单是一家中国民营企业励精图治、砥砺前行的企业奋斗史，也是行业发展的一个缩影。

第一节　33年的成长

任何一个组织，都是由人创建，并形成自身独特的基因和气质。优秀的企业组织，必然离不开创办它的企业家。解读红星美凯龙，应当从对其创始人车建新的研究开始……

引子：从木匠这道窄门而入

1980年夏天的雨中。有个少年在田埂上挑秧。边上，一位七十多岁的老农也正肩挑着秧苗担同行。就在这个瞬间，少年突然看见了未来的自己，仿佛就近在眼前……就在刹那间，心有不甘的少年下定决心，一定要找到属于自己的改变之门……从此，命运之轮有了新的航线……

少年叫车建新，那年，他只有16岁。

第二年，等不及念完初中，车建新便听从父亲的安排，准备当个木匠，这样在将来可以与都是泥瓦匠的父亲与兄长组建一个小型建筑队。他先在工地伙房打杂，一年后正式拜江苏省内一位颇有名望的木匠为师，正式学打墨、挂斗、吊线等木工手艺。他用了两年时间学建筑木匠，第三年开始学做家居细木匠。

1985年，不足20岁的车建新，当时连拼缝、装门以及装锁等高段位木工尚不会，且自己还未出师的情况下，竟然收了五个徒弟，真是蔚为壮观。可见，他很有几分个人魅力与领导潜质，完全颠覆传统中国的学徒规矩与师徒伦理，同时可以看出，敢为人先的创新意识在他的职业生涯中萌生得很早。

学徒出师以后,车建新带着五个徒弟,四个接客师自立门户。南征北战,先后在常州、镇江乃至西安等地承接木工活。终于,这个木工团队接到了第一份大单,为城里的某家具店做一套组合式家具的样品。就当时而言,这是种新式家具,车建新从来没有做过,而且出样要自垫上千元成本。但他还是决定去尝试,于是就向姨父借了600元,通过自行琢磨与研究,硬是做出这套组合式家具样品。店主很满意,预付了1000元,让他们开做第二套。首战告捷给了车建新很大的信心,他相信"船到桥头自然直",并一直把它当作日后战胜困难的法宝。就这样,这个喜欢创新求变的年轻人终于走出了自主创业的第一步。

若干年之后,木匠行里的老师傅们这么评价车建新:作为木匠,他不是最好的,他真正的过人之处在于不走平常路,有胆量创新。很少有人在学徒阶段就能收徒,带徒弟自立门户,这条路并不好走……

《圣经》里耶稣对众人说,"引到永生,那门是窄的,路是小的,找着的人也少。"要解读一名成功的企业家,从他"出道"的最初那几年入手,往往能够抓到核心本质的内容,以及性格与禀赋方面的闪光部分……

一、初创(1986-1991年)
苏、锡、常,事业三级跳的踏板

1986年,木匠阿车(车建新当时的昵称)向姨父借款600元,真正开始自主创业——这个节点被很多媒体梳理过,作为车建新个人的创业起点,也是迄今乃至未来红星美凯龙企业史记的出发点。

这一年，正好是中国改革开放的第七个年头。1月6日，拥有世界性影响的美国《时代》周刊，以中国经济改革领导人邓小平为该年首期封面人物，寓示发生在中国的改革开放必将影响世界。农村改革与城市体制改革正在双轨运行，国家同时还重点抓了精神文明建设。这一年，小老板阿车的收获是，做成组合式家具，赚进了象征意义大于现实意义的200元。

1987年，车建新可谓一发不可收拾。他的木匠团队以年度总计完成二十多套家具的骄人业绩，经营利润超过万元，成为名副其实的万元户。1987年，中共十三大在北京召开，社会主义初级阶段理论成形，"以经济建设为中心，坚持四项基本原则，坚持改革开放"的国家战略确立了发展的基本路线。受国家大势的影响，车建新的创业发展到了一个新的初级阶段。这个阶段的中心任务是开店建厂，摆脱包工家具木匠的小作坊经营模式。

1988年，车建新注册了青龙家具厂，"前店后厂"的模式形成。该年接下500套家具业务订单，赚到了人生第一桶金——50万元人民币。

在紧接着的三年时间内，这种产销一体化的家具店得以蓬勃发展，最终于1991年在常州城内开出江苏省第一家家具专营商场——红星家具城。

20世纪80年代末，外来家居文化的渗透和人民生活水平的不断提高，使中国家居行业迅猛发展，从小到大，从分散到集中，从单一到多元，行业慢慢趋于成熟。车建新计划在较短的时间内完成江苏省主要发达城市的布局，把商业触角延伸到无锡、苏州甚至南京。

在20世纪90年代，整个长三角尤其江苏省的经济表现可圈可点。1990年，苏州的经济总量就超过成都位居全国第七。到了90年代，苏南开始狂飙突进，作为苏南经济兴起基石的制造业更是快速发展。天时与地利相得益彰的苏、锡、常，因此成为完成红星事业三级跳的第一块弹簧板。

二、长三角扩张期（1992-2000年）
欲速不达，困则思变

1992年，邓小平发表南巡讲话，标志着中国民营经济真正被激活。这一年，是中国改革开放的扬帆启程之年。

创业已有6年的车建新正处在事业的扩张期，他在长江三角洲继续着"前店后厂"模式。他在接单生产家具的同时，代理了国内知名家具品牌，此时车建新的梦想与任务是复制与扩张，正如在中国南海写下"诗篇"的那位老人所言，发展才是硬道理。国运兴衰，个人浮沉，从未像1992年一样，捆绑得如此紧密。

这一年，中国经济一派火热。红星家具厂生意兴隆，车建新乘势而上，1993年，投资100多万元，将"前店后厂"的模式，一路扩展到南京、无锡、南通、苏州、镇江等地，迅速坐拥20多家门店。用租赁厂房改造的南京红星家具城，是企业旗下第一代商场的标版。

1994年，车建新踌躇满志，进军上海。兵临城下，攻而不克，江苏路上的红星门店以失败收场，并引发多米诺骨牌效应，车建新迎来创业以来的重大挫折。

1995年，车建新随团访欧，并针对当时所处的困境进行了系列反思。回国后他重新调整思路,专注于销售,认为"卖得好比生产得好更重要"。同年赴美参观,考察了家得宝、沃尔玛、凯玛特等美国一流大型超市的商业生态,意识到大型 Mall 将是中国的未来趋势,于是果断考虑走大型 Mall 之路。历史在发生转折之际,往往波澜不惊。

1996 年,他率先在扬州实施"品牌捆绑式"经营,优化商场品牌,用"市场化经营,商场化管理"的方式推动企业转型升级。

1997 年,用新品牌——红星美凯龙统领连锁商场,并将商场提升到第四代——连锁品牌市场时代。

三、全国布局期(2001-2008 年)
布局全国,迁址上海,高歌猛进

在品牌连锁时代,为确保产品质量与用户体验,车建新迫切需要合适的物业。1990 年末,车建新来到南京,通过资金调配,并利用缓缴租金的时间差,在南京建造商场,并利用剩余资金在常州又建了一座。再以解决 120 多名工人就业为代价,获取了分期付款的优惠条件,低价得到一块 40 年使用权的土地。这次金融运作,成了红星美凯龙日后自建物业的起点。

2001 年 10 月,南京红星国际装饰城诞生。"红星版图"扩张到了连云港、徐州和上海,扩建面积共计 34 万平方米。

车建新抵押常州物业,获取 2000 万元资金后再战上海。终在 2001 年 10 月,开出上海市第一家红星美凯龙商场。

红星之火,可以燎原。上海商场的生意如火如荼,红星美凯龙乘胜追击,相继建造无锡商场和徐州商场,进入了连锁商超的批量复制阶段,长三角地区整体布局初步完成,脚跟已稳。

较之广州与深圳市场,北京的发展刚刚起步,而且土地便宜,很切合红星美凯龙的战略打法,所以2001年前后主动放弃上海的某优质地块,将资金全部调往北京,在西四环与某村委会合作共建大型商超。兵贵神速,快速扩张,使红星美凯龙创造出了品牌影响力。

2002年年底,第一期10万平方米的北京红星美凯龙国际家具建材广场开业,这也是华北地区第一家大型连锁家居商超。

北京第一家商场落成后,红星美凯龙乘势而为,布局天津,迅速奠定全国扩展的格局。此时,正值中国地产"黄金十年"刚刚开启,房地产的蓬勃发展拉动一批家居建材厂商的崛起,红星美凯龙的全国性连锁商超平台适逢其时,龙盘虎踞之气势初步形成。

2000年以后,模式日臻成熟的红星美凯龙,"顺商业之势,借资本之势,造品牌之势",锐不可当。十年后,包括百安居、家得宝等外资豪强,在与之对垒中败退,先后撤离中国。

2001年,红星美凯龙被授予"中国质量万里行质量大家行活动"无投诉单位。2002年,公司在中国民营企业500强排名第23位;年度中国民营企业市场竞争力第1名;2003年11月,红星美凯龙的第六代品牌市场——红星世界家具家居广场在常州诞生,作为江南园林式环保商场,是当时中国唯一一座有国际一流生态环境的家居大卖场。

2003年,红星美凯龙再度当选中国最具竞争力100家名牌,被全国市场诚信建设组委会授予"全国诚信建设示范单位"。

2004年,红星美凯龙被评为"中国最具竞争力民营企业50

强"。该年至 2005 年，红星美凯龙三次向拉萨人民共捐赠 100 万元，援建拉萨市工商联办公大楼，支持拉萨的经济发展。

2005 年，车建新开始控制自建商场的节奏，并力推"轻资产"模式，以委托管理、加盟的方式推动商场和品牌扩张。该年 9 月，车建新应国际组织学习协会邀请前往奥地利维也纳参加该协会举办的"国际学习型组织"第二届全球论坛，并做了题为《学习给我新生命》的专场演讲，深得国际学习型组织创始人、《第五项修炼》的作者彼得·圣吉博士等会议创办者的好评。这是中国民营企业、也是中国企业第一次登上国际组织学习的大舞台。

这一年，企业在慈善公益事业方面也可圈可点。除了向常州市慈善基金捐款 1000 万元用以建立助孤基金外，还向江苏省慈善基金捐赠 100 万元；同时捐资 200 万元赞助兴建被列入上海市 2004 年实事工程的儿童福利院；董事长车建新被授予"国土绿化贡献奖"殊荣。

2006 年，红星美凯龙总部迁入上海，完成了极其重要的战略升级——也是企业发展史上的里程碑。红星美凯龙真正从一个地域性品牌跃升全国性品牌。从这一年开始，企业开始主动寻求战略资本。根据有关资料，2007 年 6 月，华平投资以约 15 亿元人民币注资红星美凯龙。同年，红星美凯龙将中国传统商铺模式与西方 Shopping Mall 模式相结合，以情景化布展、体验式购物，进入引领"从买家居到逛家居、从卖商品到卖生活方式"的建材、家居 Mall 时代。这是第七代红星商场。

得益于资本的助力，红星美凯龙凭借其成熟的运营模式开始又一次规模化扩张。2008 年，总店规模达到 50 家左右，市场规模达到5500万平方米。该年6月19日，世界第一座公园式家居商场在上海真北商场开业，这是第八代商场，完全公园式环保、休闲、娱乐环境打造，使红星美凯龙走到世界家居卖场的最前沿。同年，红星美凯龙管理学院成立，这是集团内部专门培养商场营运管理方面人才的发展平台。2008年12月，华平投资通过旗下子公司以相当于5亿元人民币的美元现汇注资，为公司精细化运营与上市铺就通道。

2008年，红星美凯龙总资产已过百亿元，交易额超过235亿元，成为中国家居业的第一品牌。继2007年荣获"国内影响力品牌领袖大奖""家居家装行业影响力品牌领袖大奖"后，2008年，红星美凯龙品牌继续升值，被中国品牌研究院授予"中国家居行业唯一标志性品牌"称号。同时荣获上海市经济委员会、上海市商业学会和上海商学院联合授予"2008上海推动商圈发展典范企业"称号。

四、全球家居Mall王时代（2009-2014年）
迭代升级，成就王者风范

2009年红星美凯龙进行深度的资本运作，从"内向"腾挪发展到加快"外向"合作，继续以出让股权方式吸引投资，引进私募基金。自2007年6月得到美国华平投资后，2010年再次获得由中信产业基金、复星集团等联合的第二轮融资共计人民币26亿元。该年，红星美凯龙名列中国民营企业500强第19位。同时成为上海世博会家居流通企业唯一参展企业，站上了向世界展示中国家居业面貌的国际舞台。

2009年，车建新董事长当选为中国建筑材料联合会副会长。2010年向中国人权发展基金会捐赠1000万元，成立"和谐家庭"专项基金，致力于开展抵制家庭软暴力，建设和谐家庭的公益教育。

2011年，红星美凯龙携手共青团中央、中国青年创业就业基金会捐赠2500万元，成立"红星美凯龙爱家专项基金"，推动更多青年创业和就业，引导青年树立正确的就业观、家庭观。

2012年，红星美凯龙迎来全国100家商场的规模落成，成为中国家居行业第一家拥有百家商场的企业，开启一个全新格局：全球家居百Mall时代。

2013年12月22日，全球首个艺术主题的智能化商场，即红星美凯龙第九代商场在上海浦东金桥商场开业。第九代商场提供了现代化的购物环境和高端商品，在装饰方面则包含更多的艺术元素与扩张。城市生活商业平台的出现，是红星美凯龙家居商场在扩张过程中必然的进化与迭代，是家居产业链战略深耕的必然结果，也是商业和地产融合联动发展从而推动城市商业进化的必然结果。

五、走向家庭生态时代（2015年至今）
打造美好生活价值链

从2009年开始谋求上市，六年后的2015年6月26日，红星美凯龙终于登陆香港联合交易所，成功在国际市场挂牌上市。从股东会批准发行至H股全球发售成功并上市挂牌交易，仅用113天，创2015年度香港联合证券交易所最快上市纪录。公司荣获2015年度"最具品牌价值奖"。成功上市,为公司未来的发展注入了雄厚的资本实力,可开拓更为广阔的发展空间,更为红星美凯龙在中国大城市开发第二品牌,开发家装界的互联网金融,继续引领行业发展,带来新的契机和动力。

2015年,红星美凯龙体系内服务口碑进行全面升级:完成"十五分钟退单""全员服务提升""订单全程跟单"等7项重点工作在全国56家商场的复制推广;完成"中国家居正品查询平台""口碑管理在线APP""设计导购系统"等8项重点内容的研发。同年,红星美凯龙124家上线商场共实现会员招募512万,会员整体销售182亿元,会员营销遥遥领先行业。

2016年岁末,湖南怀化的红星美凯龙Mall的诞生,使红星美凯龙的Mall总数超过200家,跃升为全球规模最大、数量最多的Mall王。

空间价值的提升,反映出品牌价值的升华。成为世界级Mall王之后,红星美凯龙Mall的构建理念、审美取向与艺术标志等多方面发生了重要的理念性转变。简而言之,红星美凯龙已经从"家居Mall"演变到"家庭Mall"阶段,更讲究生活美学、讲究体验、讲究艺术感受等非家居商品本体之外的部分。与此同时,经过三年摸索,公司正式成立了绿色环保领导小组,发布了《红星美凯龙绿色环保管理制度》。绿色环保被列为红星美凯龙企业使命,举办的绿色领跑项目写入国务院86号文。同年,红星美凯龙继续深化品牌战略,全面推广中国家居正品查询平台,并代表行业对外发布"中国家居正品战略","正品"成为红星美凯龙商场的核心竞争力之一。企业发布的《红星美凯龙环保质量评价标准》，成为流通行业第一套质量类企业标准，荣获"质量之光"年度质量标杆企业称号，并在人民大会堂作为唯一获奖代表发言。

2017年，红星美凯龙全线触网试水互联网零售。首先，在家装平台和城市站两个项目上，取得增量上的突破性成果，为"高端家装就一站"的战略布局奠定基础，开拓了家居领域的互联之路。同年12月16日，国内首个"文化体验商业综合体"——上海爱琴海购物公园盛大开业，预示着红星美凯龙从家居Mall走向家庭生活Mall的双Mall模式时代。2017年底，智能机器人"美美"相继进驻红星美凯龙全国门店，以商场内导航、定位、人脸识别、语音交互、触摸屏交互等方式，为顾客提供各种智能服务，是红星美凯龙在新科技领域迈出的第一步。

2017年，企业继续深化商场化模式运作管理体系的改革，积极探索以"客流、转化率、满意度"为考核指标，形成后道牵前道的机制，让全国商场的口碑服务以顾客满意为最终导向。确立品牌传播的设计尖货战略，聚焦"甄选全球设计尖货"的心智打造。鲁班设计尖货节荣获"2017年度发布会大奖"和首届新营销盛典"整合营销奖"，被收录为中国人民大学商学院案例。不仅如此，还首次将财务转型升级工作具体化、实战化。境外首发5年期3亿美元债券，获13.5倍超额认购。

2018年1月17日，红星美凯龙在上海证券交易所主板挂牌上市，宣布正式登陆A股，这也是中国家居零售行业A+H第一股。本次募集资金主要用于互联网家装、互联网零售等泛家居消费服务及物流配送等扩展性业务，是公司围绕"全渠道泛家居业务平台服务商"的战略定位，以"家"为核心着力开拓的各项扩展性业务，从而对商场主营业务进行上下游跨界外延。同年9月，联合中国质量认证中心发布了国内第一个将绿色环保视为企业核心竞争力的白皮书——《中国家居绿色环保竞争力白皮书》。10月31日，红星美凯龙与腾讯宣布建立战略合作伙伴关系，共建IMP平台，以"智慧零售"为共同理念，探索家居零售行业的价值链重塑。并在其后的首次大促创造家居行业新的里程碑——"团尖货"11·11大促全国商场成交额突破160亿元！基于IPM平台的不断迭代更新，2019年3月中旬"尖货节"狂揽55.84亿元，较去年同期两日业绩暴增66%。

2019年，红星美凯龙在上海建博会春季大会上发布了"市场倍增战略"，将从科技、设计、规模、环保、采购五大板块促进行业升级，为合作伙伴创造共赢的良好生态，加速向"全渠道泛家居业务平台服务商"转型升级。同年5月1日至4日，红星美凯龙"五月团尖货"狂揽78亿元商户销售额，同比大增20.2%。

2019年5月15日，阿里巴巴战略投资红星美凯龙，成为其第二大股东。与此同时，在新零售门店建设、电商平台搭建、物流仓配和安装服务商体系、消费金融、支付系统等方面开展战略合作。同年6月，红星美凯龙战略投资银座家居，正式开启扩张新模式"战略合作"。未来，红星美凯龙将采取"自建、委托管理、战略合作"并举的策略，进一步加速全国布局。

从借600元创业，直到将红星美凯龙打造成家居零售行业A+H第一股，无论是从900亿元总资产还是当前的市值考量，这家历经33年发展起来的企业已经增值数亿倍。

2019年，恰逢新中国成立70周年，回溯红星美凯龙的奋斗历程，可谓沧海桑田，人间巨变。一个年轻的创业者通过不懈的努力，最终从一家地方家具专卖店开始不断扩张裂变，迭代升级，最终成为中国家居第一品牌，并随着改革的进一步深化，必将走向更为广阔的国际舞台。

第二节　先觉与自觉的进化路

　　托尔斯泰说，幸福的家庭都是相似的，不幸的家庭各有各的不幸。一个社会、一个产业处在大转折的阶段，相似的也许不是幸福的家庭和组织了，而是不幸的那个较为庞大的部分。中国经济需要转型升级，意味着众多产业也跟着转型。自2010年以来，尽管有不少企业日子艰难，但零售业形势从来也没有到恶劣的程度，房地产业在不断调控中向前发展。《易经》有说，天下万物变化归纳为八八六十四卦，总体有吉凶悔吝四种结果。中国的那句老话，"人生不如意十有八九"便取之于此。艰难的日子常有：2012年浙江有十几万家传统中小制造企业倒闭，2015年中国经济形势严峻，2017年浙江互联网金融成灾，2018年中美贸易战等等。近三年来，大量行业的龙头公司和A股市场的一批批企业接连暴雷，都是现实的存在。但中国改革开放也好，一个产业的发展壮大和商业巨头的成长也好，其成长史，也是折磨史；其发展史，也是挑战史；其进化史，也是创新史。遭遇困难，克服困难，才是成长奋进的常态，才见其中人事的品德和智慧。回头去看，所有的困局，恰恰也许是未来的蓝海。身处大转折的时代，困境和机遇不过隔了层墙。正如所罗门谚语所说,机遇带着魔鬼的面具。捅得破的人,也许正是坚持再坚持,守得云开见月明。

困局与机遇,正是事物的正反两面。但总体上,能顺应时势,能抓住时代脉搏的人,才能够在每一波的浪潮中,随浪前行并总能立于潮头。对于红星美凯龙来说,抓住房地产发展和城市化浪潮的战略机遇,又能洞察每一次的波动相机而行;进入大上海遭遇大挫折,却以此为中心实现全国布局;在对外资巨头的仰视和博弈中,历十多年奋进之功而胜出;在互联网对传统零售业的冲击和颠覆潮中,顺应时势,实施O2O的融合探索;主动迎接消费市场的不断升级变化,完成家居商场的九次迭代,又战略性预测中国城市从硬建设时代到软建设时代,从物质生活保障的提升到对精神品质需求的提升,实施家庭战略。创业创新33年的红星美凯龙,没有错过历史的每一波浪潮,并能规避其中的重大风险,更能够通过战略和模式创新,实现自我的进化。

一、四大战略支撑的进化模式

1. 围绕家居生活的商业+地产+多元化战略,是红星美凯龙主要的发展模式

2011年,中国连锁经营协会与德勤事务所曾做过一份关于零售企业发展趋势的调查,结果显示:半数以上零售企业都进军商业地产。

除了以便利店业态为主的零售商,但凡稍具规模的企业,几乎均涉及商业地产,甚至住宅地产。因项目需求拿地,再开始土地招商、收租、做各种购物中心。原来是解决租金成本上涨凶猛的压力,但随着尝到了甜头,便成为自身的快速发展战略。原来是"超市+百货",很快就是购物中心,并迅速延展至其他关联产业:酒店、物流、娱乐等。一批批区域龙头企业迅速入水,成为2006年以来中国零售业的主流现象。而江西、山东、河北、湖南等地一些企业抛弃零售业务,很大程度就是因为进军地产。

步入21世纪的第二个十年,多数区域零售企业和商业平台公司深切感受到红利殆尽,但网店稀缺性价值开始显现,为了应对零售大鳄,开始加码三、四线市场局势,多元化发展成为此后五年的重头戏,而商业综合体成为最佳的竞争模式。据浙江商业经济研究所统计,2009年之前,全国不超过50家零售集团进军商业地产,到2012年年底,已经超过600家零售企业涉及商业地产,并且绝大多数都来自三、四线市场的区域商超企业。且在跨入地产领域过程中,不可避免地推动购物中心化和多元化。在商研所的分析中,630家零售企业,85%都拥有购物中心,约78%拥有酒店、农产品,或者代理某个品牌珠宝、红酒、服饰以及其他等,还有近40%投资旅游、娱乐或者会所等等。截至2015年,中国区域零售企业尤其是三、四线城市的经营者和主导品牌,多元化伴随着商业地产投资经营成为主流模式,但也伴随着战略扩张的压力和主业的衰退,较大占比的区域零售龙头和房地产龙头,普遍出现竞争乏力、业绩大幅下滑,开始逐步退出的现象。

红星美凯龙2009年进入商业地产领域。但企业还是紧紧围绕家居生活商业服务平台的主业而实施战略扩张,且主营基数庞大,一体两翼的战略依然是以家居生活商业平台为主体,产业链业务的延伸发展和城市商业服务平台的深耕发展是企业的两翼。而且,在城市商业因为地产的资产加重，更因商业内容扩张的运营以推动品牌对产业对地产赋能加重的同时，主营板块却因为品牌赋能与加持，所实施的委托管理模式和战略却轻装上阵，迅速占领城市重要地段，扩张家居产业平台。所以，红星美凯龙围绕家居生活的商业+地产+多元化战略，是商业不离家居，地产不离商业，多元化不离家居产业和家居生活的商业核心。

2. 围绕主业进行扩张和市场深耕的同时，推动产业链整合，构建产业生态平台

深耕战略的坚持者是转型期的少数派。浙江省商业经济研究所的数据显示，中国零售百强当中，越是龙头越是坚持深耕计划，主营超市的规模性企业的占比明显要高于百货、便利店、家电等业态。而房地产业的百强中，集中度更加明显。

2018年，红星美凯龙集团旗下的红星地产，位居中国房地产百强第37位，商业地产领域全国排名第二，是百强企业中进入时间最短的，从2009年成立至今不过十年。同样，2018年，红星家居连锁板块——上市公司的营业收入超过142亿元人民币，名列中国连锁百强前列。在家居商业流通平台领域，更是一骑绝尘，远超第二名。近三年，中国房地产业压力巨大，众多非利好事件的接连发生，意味着龙头公司们遭遇巨大的挑战。而红星美凯龙能够在几大事业板块稳健发展的同时，保持较低的负债率，发布较为靓丽的财务报告，也算得上是一枝独秀，其背后就是实施围绕家居生活的商业+地产+多元化的战略，加快主业扩张和市场深耕，并同步构建产业生态平台，以提升战略竞争力，为企业的经营和资本市场的业绩，提供了强大的支持，创造了巨大价值。

3. 轻重平衡、软硬兼施的双轮驱动战略，成为企业稳健发展的法宝

红星美凯龙上市板块——家居集团能够取得较好业绩，得益于自营与委托管理双轮驱动的发展模式。投资和运营集中的自营模式，不仅沉淀大量资本，也沉淀大量人力，但却是中国直营连锁的主要发展模式。尽管加盟连锁由总部输出品牌和运营体系实现品牌的扩张，但绝大多数都在服饰、珠宝、食品等专卖连锁领域，且多数是不持有资产，单体面积也与红星美凯龙家居商场模式无法相提并论。而经过深度研究和模式创新的红星美凯龙，基于家居商场的特性和企业发展积累的经验，尤其是中国三、四线城市商业地产的发展机遇和战略合作需求，大胆借鉴在酒店业已经非常成熟的委托管理模式，从而成功实现地产板块和家居产业互为协同、共生共荣的局面。

过去十几年，中国大多数企业走了一条超常规的发展道路，都是先讲究速度后注重管理，都追求经营业绩，不重视企业文化建设，多偏重共建少体现共享，所以，在社会和经济处于重大转型期，就容易陷入发展困境。红星美凯龙轻重结合、软硬兼施的战略智慧，体现了企业极高的经营艺术。自营重、委托管理轻，但自营加持委托管理；家居卖场轻、商业地产重，但家居卖场加持地产扩张；品牌轻、资本重，但品牌提升资产价值；一手品牌和资本共同扩张为重是硬投入，另一手文化提升品牌为轻是软建设；一手资本投入孵化产业生态的硬实力，另一手人才投入孵化组织的软实力。这种轻重互相支持，硬发展和软实力协同推进互为加持，立体化、多板块协同实施双轮驱动发展战略，完全来源于创始人车建新对中国阴阳哲学和传统文化的深刻领悟与运用，避免了传统行业的发展陷阱。不为转型焦虑，不为人才困惑，成就今天的红星美凯龙在商业平台和资本市场的地位与价值，且从容迈入新时代。

4. 资本战略一路护航

今天依然勇立中国经济潮头的第一代企业家，往往是经营资本的高手。这种禀赋，帮助他们在企业遭遇重大资金危机的时候渡过难关。在劳动密集型、资金密集型的房地产业，更得益于这种企业家资质。

21世纪的第二个十年，中国的产业掀起新一轮扩张，新的经济形态不断诞生，推动中国资本市场的迅猛发展，成为黄金十年。

这个十年，也是红星美凯龙多元化战略的十年。无论是家居平台板块自营和委托管理的双轮驱动，还是地产板块急速扩张的市场深耕；抑或是家居产业生态的扩张整合以提高竞争力，还是基于城市生活平台打造推动家居产业与地产的融合，车建新资本经营的天赋和企业高层团队的协力发挥了极为重要的作用。

房地产业的扩张并购和零售业的扩张并购也是这个十年的主流。中国零售企业和房地产业的领军企业的发展战略与扩张计划，毫无疑问成就了他们今日的市场地位以及品牌影响力。特别是跨区域发展的企业和上市公司，并购功不可没。当然，成也并购，败也并购，今日陷入战略困境和经营困局中的众多制造实体和零售企业，主要原因一是深入地产，其次便是并购太猛，而导致今天既吐不出、又咽不下的局面。而红星美凯龙的资本战略从来不脱离主业，不脱离产业链本身的整合提升，又实施金融模式孵化平台伙伴,所以,平台的价值才得以发挥作用,从而能够反哺品牌、反哺产业链的合作伙伴、反哺生态体系的事业集群。

二、五步进化史

红星美凯龙的成长与扩张,是从中国经济最富裕、最活跃的长三角地区开始,通过商业空间的迭代升级,建立起以上海为中心向全国辐射的势态。

上海是中国的超大城市,也是长江经济带的龙头城市、国际经济、金融、贸易以及科技创新中心。上海人思想新潮、审美时尚,引领全国的家居装饰潮流,因此上海是中国家居行业的战略中心,吉盛伟邦、月星等家具集团最终都将自己的企业总部搬迁到了上海。

红星美凯龙首创资本杠杆推动快速发展之后,在1994年就雄心勃勃地准备进军上海。但由于天时地利人和等诸多条件皆不成熟,初战上海就铩羽而归。

1. 初战上海遭败绩,走出困顿涅槃重生

1992年开始,"东方风来满眼春",中国经济一派火热,红星家具厂生意兴隆。1993年,总投资100多万元,将"前店后厂"的模式,一路扩展到南京、无锡、南通、苏州、镇江等地,迅速坐拥20多家门店,积攒了六七百万元的身家。此时的商城主要还是集中在江苏省。在南京用租赁厂房改造的南京红星家具城,是红星美凯龙第一代商场的标版,在南京业界有着很好的品牌知名度和市场占有率。占领南京,意味着车建新的梦想已经升级,开始放眼全国,迈出了进军全国的脚步。

上海是长江经济带的龙头城市,占据上海市场就意味着在全国版图上布下了"天元"棋眼,既全面布局长三角,也吹响了进军全国市场的集结号。1994年,踌躇满志的车建新决定进军上海,他选择在江苏路租下一个店面。然而,欲速则不达。上海一役很快让他领略到市场的残酷。由于当时的门店只在三楼和四楼,消费人流引不上去,所以投入没有得到回报。尤其雪上加霜的是,因为对十多家外地门店的授权过大,加之管理粗放,使整个"前店"系统的经营状况陷入困境,而"后厂"的生产状况也因管理不善出现近400万元的亏损。兵临城下,攻而不克,进军上海这一决策以及引发的系列效应,给事业带来毁灭性的打击,败掉车建新创业十年积累财富的八成,这是车建新离失败最近的时刻,也是他创业过程中最迷茫的时刻。

1995年,失意的车建新跟随常州某代表团访问欧洲,实质是想要找到解决困境的方案。考察后得出的结论是——做喜欢的事,不急功近利。

回国后,车建新迅速着手调整,拆除产销一体化的模式,将工厂统一交由妹夫打理,并关闭了15家亏损店面,仅保留常州、无锡、南京等地门店,而将精力专注于销售。他当时的信念是——卖得出比生产得出更重要。

2. 迭代进化,气象初成

红星美凯龙的第一代商场,起源于创业初期。最初在生产家具、寄售代销的过程中,有一部分利润会被流通渠道吃掉,而且主动权往往掌握在经销商手中。困则思变,1988年开始实施产销一体化模式,用前店后厂的方式经营。到了1991年,红星美凯龙开始租赁厂房经营家居市场，这是对产销一体化模式的升级，市场上的商品相对丰富起来，销售形式也变得相对灵活——既有厂家直销，也有渠道代销，所以在"红星发展史"上，第一代商场就定名为——租赁厂房经营家居市场。

第一代家居卖场存在一定问题，因为是改造出来的卖场，环境较差，而且改造成本与租赁成本都很高。因为是租赁性质，所以经营状况并不稳定，后续的不确定因素很多，而且服务也因多种原因而得不到提升。所以，第一代商场很快就被自建商场的方式所迭代。红星美凯龙开始拿地，这种模式充分发挥了红星美凯龙和商户各自的专长和主动性，减少中间环节，而且降低了交易成本，初步实现了红星美凯龙、厂商和消费者的三方共赢。

1996年，红星美凯龙率先在扬州实施"品牌捆绑式"经营，当时提出的一句口号是"像炼油一样，不断把好的提炼出来，把差的淘汰掉"。这是一个去芜存菁的过程，目的就是要优化商场品牌，推动整个行业升级，所以这个风靡那个时代的模式就叫"市场化经营，商场化管理"。

1997年，红星美凯龙借鉴欧美的连锁模式，创建了自身的连锁品牌市场。更少投入，扩张更为迅速，为红星品牌走向全国推波助澜。这个阶段，进入第四代——连锁品牌市场时代。

1999年，只是在常州、无锡、南京、扬州、连云港5个城市，共拥有6家商场的小企业。商场经营总面积只有12万平方米，单个商场平均面积2万平方米，其中，只有一个面积3.6万平方米的自建商场。

然而，连锁经营、优选品牌、强势营销、关注设计……红星美凯龙的核心理念体系逐步建立，只是受制于财力和店铺数量，未能井喷式发展。

3. 攻城略地，车水马龙

2000年，率先在全国叫响"所有售出商品由红星美凯龙负全责"的服务口号，并践行"无理由退换货、先行赔付、绿色环保"等服务承诺。从表层分析，打的虽然是服务牌，但极大提升了品牌知名度与美誉度，因为也就是这一年，首次开始使用"红星美凯龙"品牌。所以，第五代的关键词就是——对所有售出产品负全责。

三年之后的2003年11月，红星美凯龙成功推出一座全新的绿色生态家居商场，这是"红星"往多业态大型Mall方向发展的一次有效尝试。这座融商业经营、休闲观光、文化传播、智能信息等诸多内容于一体的家居购物中心，是中国第一家具有国际一流生态环境的家居商场，也是中国当今唯一被中国建材市场流通委员会授牌的"中国绿色生态家居示范商场"。第六代就定名为江南园林式环保商场，它引领了中国家居业的绿色生态革命，而且带来经营业态新一轮的升级迭代。

大约四年后，红星美凯龙通过将中国传统商铺模式与欧美Shopping Mall模式的相互融合，推出情景化布展+体验式购物为主题的家居Mall新形式，通过消费者参与居家审美体验，以普及居家审美理念，倡导生活美学。红星美凯龙把这一代际的设计，称为情境体验家居Mall。

第八代可谓是划时代的演进，世界第一座公园家居商场在中国一线大城市上海华美开业。完全公园式的环保、休闲娱乐环境的打造，对未来之家逼真模拟，把红星美凯龙推到世界家居卖场的最前沿。

4. 布局上海，战略转型，开启行业龙头的扩张之路

总部迁至上海之后，红星美凯龙迎来企业的战略转型期。面对外来品牌与本土品牌的竞争压力，企业内部对于下一步发展方向产生了困惑与分歧。有的希望走中高端路线提升品质，提升溢价空间，就像吉盛伟邦一样，它的高档品牌集中度很受区域消费者认同；有的希望跟着百安居走，因为它的终端互动体验很受欢迎；或者干脆学习居然之家，在同质化的市场打好服务牌……

事实上，这些家居卖场所选择的模式，着力点在于"经营差异化特色实现价值成长"。那么，这个阶段红星美凯龙的问题是，和大部分家居竞争对手一样选择经营特色价值层面的成长？还是另辟蹊径，走一条符合红星美凯龙成长的模式，来完成必须面对的战略转型？2007年，红星美凯龙的终端有38家，年销售额在106亿元。确定成长模式往往关乎生死，选择企业如何长大时，有时需要破釜沉舟的勇气与拨开迷雾看到本质的能力。

2007年的全国家居连锁卖场大约有1万亿元的规模，红星美凯龙这个行业龙头只拥有1%，中国家居流通市场还处于竞争的初级阶段。

车建新认为，在初级竞争市场，抓住机会是第一位的。抢地盘更胜过练内功。用初级手段通常比高级手段更有效。因此，在战略规划上，红星美凯龙决定首先要在家居连锁卖场的混战中脱颖而出，先做规模化发展，坐稳行业第一的位置，将竞争对手越甩越远，而暂时避开与同行间在"价值成长"方面争长论短。因为在这个阶段，机会成本远远高于时间成本和金钱成本。

但是，如要以规模优势取胜，则需速度取胜、网点取胜，以及规模取胜。这就意味着需要大量的资金、配套的人才、完善的物流体系，连锁企业终端规模化的实质是对终端数量以及资金资源的整合。仅凭企业自身滚动发展积累，将远远无法推动规模成长的战略执行。

红星美凯龙此时坚定规模成长战略，并选择"双轮驱动模式"，逐渐转移成"品牌+地产商"的角色，掌握了足够的空间与品牌资源之后，形成复合优势。手中有地，心中不慌——不仅可以在布局形成时取得绝对优势，还可以形成无法复制的规模优势：规模采购、规模物流、规模资金以及更加重要的品牌规模形象，从而完成企业发展到二十年这个时间节点上的重要战略转型。

所以，作为中国家居流通业的第一品牌，2012年，红星美凯龙迎来了全国100家商场的规模落成，开启百Mall时代的全球家居格局。到2013年，红星美凯龙首个第九代商场在上海浦东金桥商场开业，该大卖场加入大量的人文艺术元素，被定位为"艺术家居商场"。经过将近27年时间的升级迭代，红星美凯龙完成品牌先锋的引领作用，连锁商超强劲的王者之势，业已形成。

5. 登陆资本市场，产业与商业价值链齐驱

而自华平基金投资红星美凯龙的两年后，复星集团牵头的三家机构又跟进投入26亿元。七年后的2015年，红星美凯龙终于登陆港股，成为家居流通企业第一股。

上市后的红星美凯龙干了三件大事。

其一，加快产业链整合和产业平台的孵化，意在推动产业生态到商业生态的转型，是多元化战略的升级版；其二，响应国家发展战略，实施互联网+计划，加快技术赋能产业和商业零售平台；第三，实施从家居Mall到家庭生活Mall的新战略，意在打造城市客厅，提升城市家庭生活质量。

2013年10月，阿里和银泰牵手，被媒体看作线上线下零售巨头O2O破冰之旅的开端，也推动O2O形成新的一波变革高潮。2015年5月，阿里收购银泰商业；同年7月，马云在云栖大会上说，中国已经进入新零售、新技术、新经济阶段。阿里带头，开启电商巨头和网络巨头纷纷进军线下传统零售企业之路。过去这些年，大批量企业规模性地实施O2O战略：制造业、连锁专卖、服务业以及零售商业。任何的产业升级递进演化，都有一个重要的混合阶段，但探索的成本太高。经过多年发展，网络消费的成熟，必将推动电商企业和线下零售的融合。所以，红星美凯龙在技术赋能和企业互联网化的道路上投入巨资，不遗余力。在自行打造网络平台的同时，在管理、营销方面展开积极的探索。到2018年9月，牵手腾讯联合实施智慧营销计划；到了2019年5月，在上市公司发布财务报告后，又宣布牵手阿里，接受其超过40亿元的战略投资。并在两个月后又签署战略合作协议，加深在家居零售、产业生态、供应链等技术赋能的合作。

在保持多条战线的双轮驱动依然不变的前提下，为推动新的三大战略，红星美凯龙加大资本战略的力度，谋求更高的资本价值和更多元化的资本模式，在证券化和金融平台两条路径上不断展开行动。

2016年12月19日，红星美凯龙家居集团股份有限公司公告宣布，收购上海极富房地产开发有限公司若干位于上海闵行区申长路1466弄2号及5号的办公室物业，总建筑面积约为57873.55平方米，总代价为21亿元。2017年2月28日，红星美凯龙宣布投资21亿元，将新总部落户上海虹桥，成为入驻虹桥商务区的上千家知名企业之一。这两个举措，正式宣布企业以长三角为中心的深耕目标，围绕美好生活价值链实施新的战略。

今天的中国企业，其实没有转型之说，只有创新之说。只有融合的创新，才是思路和理念的着眼点所在。中国的商业，也不再是传统的商贸业概念，而是泛商业、现代服务业的内涵。一切以消费者为中心，回归商业本质，提取和坚持传统精神，重塑商业生态，是企业走向未来的根本，也是中国公司进化的必经之路。

■ 解读与短评

上海虹桥素有世界速度、全球视野的美誉，入驻虹桥商务区的企业既有以罗氏、壳牌为代表的世界500强，也有以阿里巴巴、中国平安为代表的国内著名大型企业。选址上海虹桥，用车建新的话说，就是要它的国际范儿。作为行业第一的品牌，红星美凯龙需要拓展国际视野，提升全球化意识。红星美凯龙这番大动作，无疑想占据长江三角洲中的超大城市的商业高地，以放眼世界。可以肯定地说，红星美凯龙的全球化战略已经提到了议事日程，与国际接轨，走向世界市场势在必行。未来5年，红星美凯龙将走出中国，在全球开家居Mall，将红星美凯龙的国际范儿、时尚范儿以及文化价值观传播到世界各地。

其走向世界的战略企图，从去年以来企业高层的"一言一行"

中可见。"一言"，指的是2018年9月9日，车建新在第42届中国（上海）国际家具博览会的开幕招待会上的致辞颇有弦外之意——他说，红星美凯龙致力于让所有中国人过上更美好的家居生活，并立志带领中国家居品牌走向世界，不断扩大中国家居品牌在全球的影响力……"一行"，是指2018年11月上旬，红星美凯龙高级顾问钱旭东前往摩洛哥王国，参与由中国文化走出去发展基金组织发起，并由红星美凯龙资助的名为"友好书架"的品牌公益项目全球发布，首个"友好书架"已于11月8日在摩洛哥王国设立。按项目计划，红星美凯龙将在全球范围内捐赠设立"友好书架"。从另一个角度分析，事实上，红星美凯龙品牌文化的海外战略已经实施，品牌文化将作为先行与引导，随着"友好书架"的设立，而在世界各地得以正面而良性地传播……显而易见，红星美凯龙"世界史"的部分，将更加精彩。

第三节　土洋之争

随着经济的发展，人们对于家居的需求越来越高。1998年，国务院发布了关于实行房改政策的规定，稳步推进住房商品化、社会化。国家深化城镇住房制度改革的目标就是从1998年的下半年开始，停止住房实物分配，逐步实行住房分配货币化。而正是这项国家房改政策，使中国的家具业迎来春天。房改以后，人们从原来的单位分房到购买商品房，居住条件得到极大的改善，也带动了家具业的进一步发展。人们对家具的要求从单一的"实木"

需求，变得更为多样，古典、欧式、日式等审美与风格上的诉求也愈加丰富，这也给家居行业的发展带来新的机遇与新的挑战。

从20世纪90年代初到中后期，中国的家居市场已经成形。经营方式也逐渐多样化，租赁、零售、直销、批发、自营、代理等多种业态并存。但业态优势并不突出，规模也不算大。在这个阶段，海外与港台地区的知名品牌和厂商开始觊觎国内市场，尤其是国际化家居零售巨头，纷纷携巨资涌入中国。以摊位招商模式为主的传统家居零售业正在被商场运营模式所替代。当然，传统的家居市场也在不断升级完善以对抗外来压力。如何探索一种适应中国经济发展形势的家居营销模式，推进本土零售业的长足发展，是包括红星美凯龙在内的众多家居企业亟须解决的一个棘手问题。

另外，随着城市建设的加速发展和人均居住面积的大幅度提高，中国迅速成长为全球最大的建材生产和销售市场、据权威报告，已经高达6500亿元规模且每年以20%的升幅高速增长。而欧洲各国的相关市场已显疲态。面对庞大的需求和巨大的利润诱惑，欧洲的零售巨头们几乎是排着队地进入中国市场。

1997年，全球领先的家居用品零售商瑞典宜家（IKEA）在中国上海开出第一家面积为8000平方米的家居商店。排名世界第四、欧洲第二的欧倍德于1998年进驻中国市场，并于2000年开了第一家中国店。排名世界第三、欧洲第一的百安居则已在1999年就开出了第一家中国店。

2001年11月10日，在卡塔尔首都多哈举行的世界贸易组织第四届部长级会议审议并通过中国加入世界贸易组织的决定；2002年，当百安居宣布至2008年中国大陆开店总数将达80家的计划后,欧倍德也高调公布了到2012年实现"十年百店"的雄心勃勃的"中国市场计划"。2003年,中国零售业全面对外开放。此后,外资零售巨头以闪电般的速度在中国市场"跑马圈地",新店遍地开花,并利用资本运作手段通过收购本土零售企业迅速布局。以曲线方式进入中国市场的家乐福,领扩张和收购之先,沃尔玛、易初莲花、麦德龙也不甘示弱而紧随其后大肆扩张。而当时的内资零售企业迫于竞争压力,并基于巨大的市场需求和红利,也不断加快扩张步伐。

2003年,通过上海国资系统整合重组的百联集团,不仅成为上海的商业巨无霸,也成为中国商贸流通业毫无争议的巨头;20世纪90年代成立的大商集团,经过十多年发展,在21世纪初成为中国零售业龙头。2005年,两家强强联手,共同壮大。那些年,中资华润集团、物美集团、银泰百货、苏宁电器、红星美凯龙以及国内发达省市的重点城市的商贸头头们也紧随其后,迅猛发展;那些年,中国各地市的区域商超企业,也借国家政策东风和消费市场的飞速成长而奋力拼搏,成长为各地区的商业龙头。

当时,中国本土家居企业担忧的是,这些进入中国市场的国际大牌的背后,是强大的财力,足以使他们在中国市场迅速实现扩张,可与国内任何一家企业相抗衡,成为瓜分市场蛋糕的主角。此外,国内其他行业的巨头也纷纷抢滩,如当时的淘宝、美的、格力等,它们以跨界经营者的崭新姿态,进一步加剧家居市场的争夺。

面对欧美老牌劲旅和跨业巨头在中国市场的围追堵截、攻城略地,红星美凯龙等本土品牌该如何应对,谁又将在兵临城下的鏖战中笑到最后？

1. 洋品牌纷至沓来，中国家居市场群雄逐鹿

创建于1970年的欧倍德，是国际上最先开创家庭装饰市场的跨国连锁商超集团，其企业规模名列德国第一，世界第四，全球连锁店超过450家，以注重细节且日臻完善的服务和为世界DIY市场所做出的杰出贡献而闻名于业界。

欧倍德将一只海狸鼠作为公司吉祥物，1998年在上海开出欧倍德普陀店之际，海狸鼠被描述成"动物界的建筑大师""孩子们的宠儿"以及"人类安居乐业的伙伴"等品牌形象介绍给消费者，他们希望海狸鼠本性中的勤快和敏锐可以帮助其迅速拓展中国的目标市场。欧倍德确实扩张迅速，先布局华东，短短几年内，开出无锡店、上海普陀店、南京雨花店等连锁卖场，总营业面积达到60000多平方米。2003年，又与海尔联手成立"欧海集团"，以"欧倍德+海尔家居"为标志，希望借势发力，试图以大型建材连锁超市的商业业态陆续登陆中国各大城市，打造一艘家居商业连锁领域的航母。

但是欧倍德遭遇了严重的"水土不服"。作为倡导DIY商店概念的先锋，欧倍德致力于给"能工巧匠、建筑爱好者和园艺爱好者提供一切所需要的商品"。在欧洲形成的独特成功基因到了中国后，就发生了"突变"，无法适应这里的生态环境，一上中国的竞技场就惨淡经营。除了价位偏高是软肋，而且在欧洲等其他市场引以为傲的DIY（自己动手组装家具）消费模式，让大部分中国消费者"望洋兴叹"——国人习惯购买成品。

经过一番严峻的市场与消费探索，欧倍德不得不宣布"欧洲才是欧倍德的战略发展重点",无奈地把自己看好的市场拱手相让给竞争对手——欧倍德将中国运营的欧倍德亚洲控股公司出售给英国翠丰集团,2005年下半年,经当地有关部门批准后生效。

英国翠丰集团是世界500强企业之一,是家大型国际装饰建材零售集团。1999年6月18日,翠丰旗下的百安居建材超市上海沪太店开业,百安居真正进入中国市场。

在收购欧倍德之前的2004年,翠丰集团就已经出资1.05亿元收购美国零售巨头普尔斯马特在中国的5家商场。2005年,再次以8500万英镑收购了欧倍德在中国的13家连锁店。自此,百安居在中国建材零售业中的霸主地位得以奠定。

雄心勃勃的百安居扩张了他的中国版图,准备向中国家居流通业第一品牌的宝座挺进。这一年,红星美凯龙迎来了被命名为江南园林式环保商场的第六代商业超市,引领中国家居业的绿色生态革命,而且带来经营业态新一轮的升级迭代。

2001年,刚刚在上海开了2家门店的翠丰集团就在其年报里写道,"在中国,刚刚开张的两家上海门店为我们奠定了基础,在未来5年内我们将另开56家门店。"可见其当时具备的气吞山河之势。在最巅峰的2005年,百安居中国的门店在一年之内增加了21家。当年总计48家门店,让百安居在中国的市场规模将达到其竞争对手的两倍,并成为中国市场上最大的欧美零售商之一。到了2006年,受益于门店数量的迅速增长,百安居中国的销售额连续两年保持超过40%的增长率。在翠丰集团的年报里写上了浓重的一笔。

2008年,百安居中国的发展迎来顶峰,在包括上海、北京、深圳、广州、青岛与昆明等在内的26个城市拥有60余家店。百安居沿用英国公司的标准化管理模式和质量监督体系，在欧洲市场如鱼得水。然后，在中国市场18年间，也还是遭遇了"水土不服"的问题。

较之欧倍德高价位，百安居走大众路线，以"一站式服务""质量承诺"与"价格承诺"等宣传口号给消费者及品牌商留下深刻印象，整体形势风头正健。然而，正在业内人士期待百安居中国能有更"卓越"表现时，百安居却在2009年关闭了22家店面，剩下的41家店面也出现不同程度的面积缩减。百安居从2009年开始转型，但市场表现依然不尽如人意。据翠丰集团年报显示，2006年至2012年，百安居中国地区已经连续六年亏损。与此相反，翠丰集团在欧洲却逆势增长，成绩喜人。

在国外风生水起的建材超市，为何在中国会出现水土不服的现象？相关分析指出，百安居早期在中国多与当地经销商合作，受制于代理制与分销制，其价格无法真正做到最低。百安居利用众多供应商的货款，在中国攻城略地，快速发展，开店的速度惊人，但巨额拖欠款像滚雪球一样，达到了危及行业健康发展的境地。

服务是百安居成功与否的关键因素之一。从翠丰集团发布的2016年年度报告可以看出，他们一直在不断加强服务，试图充分利用所掌握的知识、技术、资源与规模给消费者提供全面核心的服务。但是在中国，由于对中国文化、风土人情与消费心理等诸多方面认知不足，百安居的服务很难达到令人满意的效果，摘取中国家居市场桂冠的梦想只能烟消云散。

美国的家得宝在中国市场也是"进也匆匆,退也匆匆"。家得宝(Home Depot)创立于1978年,是美国家庭装饰品与建材零售商,也是全球第三大零售集团,全美遍布1800多家连锁店。2006年年底,家得宝以1亿美元的代价,成功收购天津家世界家居,正式登陆中国市场,主要在北方市场开拓,市场重心在北京和天津。

与中国市场上的洋超市和本土超市一样,家得宝承诺以最优惠的价格和最好的服务服务中国市场。为了保证价格优势,家得宝从供货商直接进货,并引入自有品牌与专属品牌。然而,在2007年进入中国市场之后,发展并不顺利:连年关闭各地门店,频繁的高层离职异动,业内对家得宝撤出中国市场的传闻也此起彼伏。2012年9月,家得宝宣布全面退出中国市场,随后进行商业转型,先后在天津、北京开了五家门店,放弃以往运营综合建材超市的模式,转而从小处入手,重新开拓中国市场。2012年,中国本土品牌红星美凯龙成为中国家居流通业的第一品牌,迎来全国100家商场的规模落成,从而开启百Mall时代的全球家居格局。

较早进入中国市场的宜家,曾经是红星美凯龙的亲密合作伙伴,两家一起拿地,一起建商场,一起造商圈。宜家以小家居为主,红星美凯龙以大家居为主,能够形成互补关系。但是,随着红星美凯龙的步伐越来越快,商场空间越来越大,宜家就做出战略性调整,决定从小家居扩展到大家居。于是,合作联盟也就走到了尽头。

2. 本土品牌借势发挥,各成气候

当时中国家居业的先驱品牌是上海的吉盛伟邦。1989年创建于吉林长春的吉盛伟邦在"百家居"进入上海之时,正好迎来它的十周年庆典。1995年,吉盛伟邦家具装饰博览中心在长春成立,首创中国家具专业市场的业态模式,雄踞中国北方市场。1996年,已经占据长春70%市场的吉盛伟邦将战略中心从长春移师上海,进驻上海商务中心,一举开出四座商场,开创了上海"家具品牌经营"的新纪元。在当时的中国市场,跑在第一品牌方阵的还有江苏的月星家居。与红星美凯龙一样,月星1988年以月星木器同样起步于江苏常州。

在北方市场,有名的公司还有成立于1997年的天津家世界,2007年3月被华润集团收购,改名为华润万家,从此家世界成为历史。在百安居进入上海的1999年,当下的先驱品牌北京居然之家才刚成立。武汉的金马家居也才成立两年,当时深圳和广州也有两三家浮出水面、具有一定竞争实力的公司。而在长三角市场,浙江的新时代和第六空间,也才起步,尚不具备布局长三角的能力。

洋品牌进入中国市场之后,确实给本土家居企业带来巨大冲击。市场之间的竞争,不仅表现在业态(家居超市与摊位制市场)的竞争,同时表现在同业态的竞争;不仅表现在内资市场与外资市场的竞争,也加速了行业运营模式的调整和步伐,从而使家居市场的发展由数量的扩张转向质量提高的挑战。

3. 模式创新,红星美凯龙"适者成龙"

1998年,当来自德国的"海狸鼠"正式杀进中国之时,红星美凯龙正在积极实施品牌市场全国连锁经营、全球化名牌捆绑经营的策略。这是车建新去欧美市场考察回国后的"创新作品"。在连锁经营领域，较之于"海狸鼠"以及百安居等海外大鳄，这条中国的"美凯龙"正处于小学生起步阶段，所以当时很多人包括经济学家建议车建新，向百安居学习：学习他们的模式、服务等经营策略，步其成长轨迹走向成功。但是车建新算了一笔经济账。当时的红星美凯龙只有几千万家底，而对方是拥有几百亿美元的翠丰集团。如果要跟着学，那么等自己孙子胡子都白了也赶不上。尽管车建新认可他们的先进性，但是他还是希望红星美凯龙能够走自己的路。如何在众多国际知名家居零售巨头的夹击下，探索出一条适合中国家居业发展的新路径，有力促进本土家居零售业的进步与发展，是对中国本土家居商业模式的拷问和新思考。

当时中国的家具市场，小厂仿大厂，大厂仿国外，同行互相模仿，使得整个市场的产品高度趋同。不仅如此，家具的风格与款式又因模仿而经常变动，没有一个统一的品牌个性作为统率，这就更加重了消费者的品牌识别负担，更加弱化家具品牌在消费者心中的地位。于此时，红星美凯龙提出一句著名的口号，"像炼油一样，不断把好的提炼出来，把差的淘汰"，通过优胜劣汰，不断优化品牌，升级市场，形成真正的核心竞争力。借助模式优势，真正贴近中国消费者，是红星美凯龙最终赢得竞争的关键。

在"土洋"竞争以及与本土家居竞争品牌的市场争夺战中，红星美凯龙战略重点主要放在模式创新上，积极发展"委托管理"，这是其面对整体"战役"的独门武器，其中显而易见的秘诀就是，委托管理商场能够让红星美凯龙以有限的资本开支实现快速扩张。凭借公司品牌的知名度、成熟的业务流程及庞大的商户资源，红星美凯龙采取轻资产战略，以委托管理商场业务模式在三线及其他城市攻城略地，迅速扩展版图。轻装上阵的红星美凯龙培育了快速开新店及增加市场渗透率的能力，所以，在许多二、三线城市的竞争中，远远领先洋对手及本土品牌。

除抢占市场布局的战略价值外，委托管理商场业务的盈利模式也因提供相关服务的高附加值和稀缺性而呈现高利润率的特点。自2014年起，随着渠道的不断下沉，红星的委托管理商场业务分部的毛利率皆超过60%以上。

委托管理业务模式使红星美凯龙与委托管理商场合作方实现了一定程度的双赢。这是充分了解中国家居市场的实际需求，并结合自身能力与特点后应运而生的一种创新模式。公司在资本开支相对较低的情况下，快速实现营业收入并提升了投资回报率、扩大地域覆盖面、提高市场份额和品牌知名度，也为委托管理商场合作方带来稳定的租金收入。当几大洋品牌连年亏损，不得不断腕退市之际，红星美凯龙委托管理模式的营收却非常喜人，至2018年末，营业收入已超过70亿元。

红星美凯龙自行探索，大胆创新，从第一代到第九代商场的不断升级创新，成为史无前例的创造——创造了一个世界全新的商业模式，创造了一个现代服务的新行业。在与家得宝、百安居等国际家居商业巨头的竞争中遥遥领先，使中国的家具、建材工厂没有沦为洋品牌控制的加工厂，振兴了民族商业，成为中国广大家具、建材制造品牌自主创新的孵化器。振兴民族工业必先振兴民族商业，这正是红星美凯龙的使命所在，也是他们自主创新的动力源泉。

第四节　善建者行，履新者久

2007年，麦肯锡大胆预测：在未来三至五年内，中国60%的零售市场将由三家至五家世界级零售巨头控制，30%的市场将由全国性的零售巨头控制，剩下不到10%的市场则掌握在区域性零售企业手中。未来中国的零售业，将会是一个以多家全国性零售企业垄断竞争的局面。区域性零售企业将面临严重的生存危机，生存的关键在于它们以何种战略发展的眼光，看待当前产业现状以及面临的困境。然而不到十年，答案已然揭晓。这是一个误判的结论。不仅仅是麦肯锡，几乎所有在2006年—2010年间的专业机构、媒体和协会的判断，极少脱离过中国刚加入世贸总协定时"狼来了"的命题。而2010年—2012年，正是互联网从水面下借力资本热钱的巨力上浮的时候，也是中国商业零售和流通巨头的关键转折期。

直到今日，中国零售业的格局、模式和生态已经发生巨大变化。但内资龙头的大多数依然保持领先地位，而大多数国际巨头却渐行渐远，离开中国市场。

应时代而生，必领时代之先，才是真英雄。

模式成功的关键在于模式的建设者，归根结底在于人。纵观车建新长达33年的创业史，可以发现他身上有几大特质，共同促成了其在长期艰苦奋斗中能够克难攻艰，进而逐步崛起。

第一大特点，是他的好学作风。虽然他并没有完成基础教育，但在创业实践过程中，学历的短板反而被他用于自我激励，成为忘我学习的推动力。通过自我教育、自我充电与自我成长，学历短板在助推他饱览群书。创业成功晋升为集团公司董事长，变成企业家之后，更像学者一样在企业管理、人力资源与风险投资等诸多工商管理领域潜心研究，且不断地出成果。

老子在《道德经》里说，"善建者不拔"，意思是"善于建造房屋者，其房屋不会因根基不牢而倒塌"。奉百工圣匠鲁班为精神偶像，以"鲁班精神"为衣钵传承的车建新就是一位典型的善建者，他与他的团队构建的企业大厦，登上了家居流通业的高峰，他领导的企业在全国创建了274座大型商业空间，改变并提升了人们的日常家居生活质量，可谓"善建者不拔"。

善建且能久者，源自他那种强烈的创新精神与创造能力。据知，车建新原名"车建兴"，之所以改"兴"为"新"，就是为了提醒自己，要时刻牢记"创新"。他也因此成了一名"创新成瘾"的创业者，跟随时代的潮流，甚至开创潮流。

翻开他的创新史，也是一部中国家居业的创新史。他的众多创新之举，目前都被行业沿用至今。

升级创新，是解读红星美凯龙的一把关键钥匙。通过不断的升级与扬弃，红星美凯龙用33年时间，从地方家具专卖店发展到遍布全国的大Mall，并从单纯的商业买卖的生意阶段，走到"以提升中国人的居家品位为己任"为企业使命的、具有相当社会担当的企业集团。

关于车建新的"创新"以及敢于创新的案例，俯拾皆是。比如在消费者体验方面，他敢于率先在行业实施服务全责的承诺。"30天无理由退货""全城比价　三倍退差"等，都属于开创行业之新风的商业动作。再比如创办"鲁班节""爱家日"等具有社会价值与公益意义的节日，通过文化公益，担负起对大众进行普及教育的社会责任。尤其是鲁班节，传承与传播鲁班的匠心与创新精神，为打造"中国工匠精神"具有深远的意义。

2004年的春天，车建新带领团队到上海筹备总部迁移事宜。到上海后，曾就地召开了一个中层干部以上会议。会议中出乎意料地给每人发了块橡皮。这块带有启示意义的橡皮想表达的意思是，请将你在企业中所有历史，好坏优长皆归零，将所有的经验清空归零。这其实是一个足具创新精神的企业家与自己的管理团队成员在分享"创新"经验。创新不是因循守旧，创新是归零之后的重新开始。他用橡皮的故事告诉大家，昨天已经翻过去了，只考虑今天与明天，昨天的全垒打赢不了今天的比赛，好汉不再提当年，要面对上海，面向全新的未来。同时，车建新还给大家分享了他所总结的24字真言，"异想天开，脚踏实地，步步为营，只争第一，追求完美，今天开始"，这是他能够成功的方法论。

企业越大，责任越大；责任越大，企业做得越长久，这是社会发展的规律。正所谓"善建者行，日久者新"。

2014年，红星美凯龙被哈佛商学院选为商业案例，用作全球顶尖精英的学习参考。该案例详细点评了红星美凯龙的商业模式，并明确无误地指出：创新经营理念是红星美凯龙取得成功的关键因素之一。

专家点评

- 融合共生　创造未来
- "匠心匠行"得始终
- 从红星美凯龙看商业的孵化功能和审美价值

融合共生　　创造未来

互联网时代，新零售、共享经济等新行业形态给实体业带来空前的危机，也成为争相转型的新方向。重体验、重线下的家居建材领域也不例外。2019年5月中旬，阿里巴巴集团以43.594亿元人民币认购红星美凯龙的可交换债券。5月底，阿里巴巴和红星美凯龙签订战略合作协议，在新零售门店建设、电商平台搭建、物流仓配和安装服务商体系、消费金融、门店复合业态、支付系统、信息共享等七大领域展开战略合作。

互联网创新的基本原则和创业思维是开放、分享、透明、大规模协作，即用开放的方式来做，价值链要开放，要对准协作、大规模协作。红星美凯龙在自身不断创新升级的同时，一直以来坚持走扶持工厂、共生共荣的发展之路，致力于培植民族家居产业，成为家居工业品牌孵化器；为广大经销厂商、服务商提供了创业的舞台、成长的院校和资本的支持，成为整个产业供应和合作生态的创业孵化器；同时以情景化的布展、体验式购物，艺术文化引导与培育，把居家品位传递给千家万户，创造了提升中国人居家品位的全国平台。从这一点上来说，我们与红星美凯龙的合作是有着同样的使命与商业担当的。

2019年3月底，我和车建新董事长在长三角商业创新大会上相遇。会上，车董事长大方分享了自己关于新时代下"关联性创新"的思考与探索。里面有一个重要的商业逻辑：颠覆性的创新在不断进行，但一切的摸索需要始终围绕着价值链进行深化。用车董事长的话讲，最终还是实现"2道工序赚取1道利润"商业模式设计。这里面，还有一个重要的商业逻辑思维，那就是传统零售门店在新时代的探索里，技术手段、商业模式和空间地理布局将会发生重大变化。因此零售端需要向价值链的上游——供应链延伸，需要通过买手、产品设计、营销策划、创意，来完善他们面向消费者的服务能力，仅仅停留在零售端这个单点上已经无法找到出路。在新技术的驱动下，未来的商业生态会发生重大的改变，平台经济体将重新定义商业的未来，新零售正在成为线下实体店零售、网上纯电商的共同出路。

相信，与阿里巴巴的技术融合、文化和价值观的融合，围绕着价值链进行持续深度构建，双方会重新定义家居商业的模式新方向，走向更长远更具意义的未来。

（阿里研究院院长　高红冰）

"匠心匠行"得始终

爱因斯坦说，无论什么时候，不管遇到什么困难，我绝不允许自己有一点点灰心丧气。我想，大抵心底坚守笃定的人，总是开朗乐观，对事业饱含热情的。这一点，我从车建新本人、他的书上、红星美凯龙的Mall里感受良多。他的奇思妙想，偶然听来不可思议，但认真思考其背后所有的商业思考与改变的智慧，总觉得"难得"：难得执着、难得发心。更难能可贵的是，一个企业家历经三十多载市场风云竞争后，还一如既往保持着不停学习的毅力与旺盛的"创新"推动力。感慨之下细细想来，小木匠的"匠心"初衷深入基因，"匠行"中国。

从一个家庭作坊到中国家居业第一品牌，再从一名木匠到一代经营者，红星美凯龙董事长车建新带领着企业，潜心耕耘，成长为中国家居零售业A+H第一股。这里面，不仅是在商业运营系统上一如既往深化"设计""匠心"的传承与实践，更是结合文化，转化为实际生产力，成为企业源源不断的成长动力。例如每年开展的"鲁班文化节"的动能转化：一方面成立鲁班学院培养人才，弘扬传统文化，把"工匠精神"深化为一种制度设计，让"工匠精神"成为每个员工的自觉追求；另一方面在持续推出"鲁班设计尖货节"的基础上，强调"匠心"与"创新"、倡导"设计就是科技""品质就是科技"，把"匠心"上升到一种"品质思维"

的高度，从而整体上影响家居设计标准、提升国民家居生活品质需求，一系列由虚化实，步步"匠心"引导、步步落实推进。红星美凯龙真正做到了环环相扣的科学"设计"，并让所有的"设计"，成为促进企业成长的生命力量。

从家居 Mall 到家庭 Mall，商场经营模式不断调整优化、产品及内涵不断迭代更新，红星美凯龙不断在创新变化的同时，推进商业探索发展的核心逻辑未变——"以人为本"，始终围绕国民家居及家庭审美品质和需求，进行更极致的商业化运作探索。因此，当红星美凯龙宣布启动家庭战略，并围绕"美好生活"战略命题打造"城市客厅"计划时，国家新型城镇化发展规划中倡议的"顺应现代城市发展新理念、新趋势，推动城市绿色发展，提高智能化水平，增强历史文化魅力，全面提升城市内在品质""将生态文明理念全面融入城市发展，构建绿色生产方式、生活方式和消费模式"等，有了新的解读方式和创新路径。

路漫漫其修远，在质量变革、动力变革、效率变革的时代里，在高举高质量发展旗帜的今天中国，亟须更多的企业与企业家们坚强意志，牢牢把握新时代的主旋律，践行"匠心"精神，在变幻莫测的商业市场里，坚定自信地推开新时代高质量深度发展的大门，以坚实的脚步共同创建美好的生活。

（浙江长三角城镇发展数据研究院理事长兼院长　林　环）

从红星美凯龙看商业的孵化功能和审美价值

商业是一种平台，汇聚厂家和顾客。中国的现代商业尤其如此，无论传统的农贸市场，主流的大卖场，还是最活跃的线上零售，基本都属于平台模式。平台模式被诟病时，会贴上"二房东""商品经营能力弱"的标签。但平台的好处鲜有人提及，比如平台的孵化功能。好的平台会产生强的聚集效应，为好品牌、好产品提供肥沃的土壤。中国乃至世界数不胜数的消费品品牌，大多数都是在这些实体或线上平台成长和发展起来的。

红星美凯龙无疑是这方面的杰出代表。我曾经参加过红星美凯龙的合作伙伴年会，会上聚集了一大批依托红星美凯龙这个大平台成长起来的本土家居行业的知名品牌，他们用不同的话语表达了相同的感受，即对于这个商业平台价值的认同。

商业平台助力品牌成长，离不开平台的建设和良好的运营，这方面红星美凯龙经历了长时间的积累，经历了无数次的创新和探索，其中最核心的基点，是企业特别是企业领导人对中国传统文化的深入理解和坚守，包括相融共生的思想和义利观。

商业的审美价值也常常被业内人士忽略，但现在越来越多的经济人逐渐认识到审美的价值，包括实用派也把它放在"软实力"的篮子里。经济发展的初始阶段，物质主义和功利、竞争总是居于主导地位，但社会的可持续发展需要物质文明和精神文明的共同滋养。有人把艺术视为最好的宗教，鼓励人们追求美、相信美的力量，只会推动社会的和谐，相比之下，很多宗教都与人类的对抗与战争如影随形。商业的审美功能即教育消费者认知美、追求美，是一个非常重要且有效的路径。人们专门抽出时间欣赏音乐、诗歌、绘画，固然是美的一部分，为生活而艺术的生活美学，则时时刻刻融入人们的衣食住行的每一个细节。在很多商家对此无感的时候，红星美凯龙已经开始扮演行业生活美学的倡导者，以提升中国人家居品位为己任，以绿色、环保主张引领设计美学与产业扩张，用匠心精神引领文化重塑，用创新实践演绎文化复兴与美学战略的时代意义。

红星美凯龙占据着中国中高端家居建材市场最大的物理空间，占据着中国中高收入人群家居生活领域最大的心智空间。物理空间可以容纳无数的商业创新模式，心智空间则吸吮着红星美凯龙不断注入的充满魅力的生活之美。这也是这家企业最具想象力的价值空间。

（中国连锁经营协会会长　裴　亮）

后记

守望者

公元前400年左右,正处于人生壮年的希腊哲学家柏拉图为人世间奉献了一本震古烁今的不朽经典《理想国》。这部对话录体裁的哲学作品,如同灯塔之光,透过漫长的时光隧道,一直照进当下的现实生活。一个古典哲学家勾勒的、具有浪漫理想主义色彩的理想国的模型由此展现在当下这个移动互联网时代……

时光荏苒,1848年2月24日,马克思与恩格斯在英国伦敦正式出版了《共产党宣言》,指出共产主义运动将成为不可抗拒的历史潮流……1921年7月1日,中国共产党正式成立。在短短的二十八年时间里,中国共产党领导中国人民推翻了腐朽的旧体制,建立了新中国。由此,中国人走上新的征程。

沧海桑田,人间巨变。站在2019年的时间年轮里,在中国共产党近百年的建党时间维度上,回望国家70年走过的风雨之路,令人心潮澎湃,感慨万千。这不仅包含了一个伟大民族复兴的理想,以及这一伟大理想所应具备的"不忘初心,牢记使命"的政治逻辑与奋斗信念;也是我们砥砺前行,努力工作,争取在70周年推出我们策划主笔的创新中国首卷——《红星美凯龙创新解读》的时代背景与历史契机。

从古到今，理想与信念永远是人类社会往前发展与进步的"定海神针"，更是光芒四射的灯塔，引导着我们克难攻艰，走向成功。对中国人而言，经过改革开放40年的长足发展，整个国家在政治、经济及社会建设等领域发生了翻天覆地的变化，虽然与共产主义理想距离尚远，但通过40年的努力与奋斗，我们收获了物质财富与民族自信的长足进步。

迈入又一个新时代的中国，此刻回望一个充满理想主义伟大梦想的国家的肇始，走过艰难曲折的民族复兴之路，尤其是在改革开放40年里取得的举世瞩目的成就面前，能以平静的心态，高度自觉的反思意识，梳理成绩，查找不足，为进一步深化改革，注入成功基因，提供纠错样本，显得尤为重要。这也是国家主席习近平再三提倡的"不忘初心，看清来时路"的由衷用心。作为一个民营文化机构，能够有机会站在国家战略的高度，通过与政府智囊、商业研究机构深度合作，以建国70周年商业领域的创新成就为学术主题，深入探讨在改革开放40年中的中国企业尤其是民营企业的创新成长历程，找出其成功的基因与规律，并形成文本给同行者与后来者以启示，将这些无法以金钱来计量却具有巨大引领作用的精神财富与商业智慧，用文字的方式记录下来，也算是在这个重要的时间节点上做了一件有益的事，但愿绵薄的努力能够给商界同行带来价值，为日后的商业创新提供借鉴。

在"创新中国"书系的第一卷（即红星美凯龙卷）的采访与

创作过程中，主创团队也是收获良多，深刻感受到改革开放给国家与民族带来了巨大的推动，极大激发中国人无限的创造力与追求梦想和实现梦想的勇气，更感受到中国企业家们由使命感驱动的伟大理想。那是一盏伫立在思想与精神深处的理想主义灯塔，照彻到整个国家与民族复兴的伟大使命中来……

一个农村贫穷人家的孩子——车建新，白手起家，以一己小我的为家庭为子女的奋斗理想，从无到有，创建了一个充满活力的学习型的知名商业集团，引领了整个产业的发展与进步；小我也随之升华为中我理想，即为企业为更多的人；进而发展成为大我——为国家、为社会，达则兼济天下，与"修身、齐家、治国平天下"的儒家精神一脉相承，才有了匠心与创新的双轮驱动，然后才能产生符合国情的模式创新，在与诸多国际大鳄同台竞技时，背水一战，最后笑傲江湖……与诸多行业的勇毅之士，守住了民族商业的本土河山，孵化着一批一批中国民族家居品牌。

经过长达三十多年的努力，车建新带领下的红星美凯龙成为中国家居业的第一品牌、世界级的 Mall 王。而他本人，也正逐步从一个成功企业家的担当中，释放出更为宏大的家国情怀。其创新精神的背后，正是一种首创的独特的"富二代"精神遗产的继承，是从小我走向大我，完成了一个具备艺术创新气质的企业家的自我变法。

在中国各个领域中，都有理想灯塔的守望者。我们"创新中国"编辑部的各位同仁，在今后的岁月中，坚持矢志不渝地找到他们，不遗余力地深度解读他们，努力将他们的理想与智慧之光收集起来，通过创作出版乃至更多元化的传播方式，让更多的中国人汲取智慧，如此而为共同实现中国复兴梦想的道路上，团结一致，共同成为理想灯塔的守望者。

出品人

蒋易君　上海长三角商业创新研究院秘书长、汉歌文化发展机构创始人

总策划

钱旭东　红星美凯龙集团高级顾问

专家指导委员会

林　环　浙江长三角城镇发展数据研究院院长、上海长三角商业创新研究院理事、研究员
高红冰　阿里研究院院长
裴　亮　中国连锁经营协会会长

编辑委员会

张新壮　中国商业出版社总编辑
任兴勇　红星美凯龙集团董事长办公室副主任
唐小愉　《长三角商业创新样本》主编、现任上海长三角商业创新研究院传播中心主任

主　创

蒋易君　上海长三角商业创新研究院秘书长、汉歌文化发展机构创始人
沃　野　汉歌文化发展机构特邀作家、品牌顾问

执行团队主要成员

责任编辑：
唐小愉　《长三角商业创新样本》主编、现任上海长三角商业创新研究院传播中心主任

出版总监：
苏文婷　上海长三角商业创新研究院外联中心主任

责任审校：
范仁东　红星美凯龙集团企业文化助理
虞　江　红星美凯龙集团董事长办公室助理

特约审校：
孟祖平　原《财富风尚》杂志主编，汉歌文化发展机构出版顾问